Cómo vivir y no morir

Opal Crews

Copyright © 2020 Opal Crews

Todos los derechos reservados.

Ninguna parte de esta publicación puede ser reproducida, almacenada o transmitida de forma alguna ni por ningún medio, incluso por escrito, copiada, ni electrónicamente, sin autorización previa y por escrito del autor o sus agentes. Solo se exceptúan las citas breves en reseñas impresas. Se pueden utilizar extractos breves bajo autorización expresa y por escrito del editor o del autor.

A menos que se indique lo contrario, todas las citas de las Escrituras son tomadas de la Versión Reina Valera, Revisión de 1960.

Cómo vivir y no morir

Diseño de portada y página interior: True Potential, Inc.

ISBN: (libro de bolsillo); 9781948794893

LCCN:

True Potential, Inc.
PO Box 904, Travelers Rest, SC 29690 www.truepotentialmedia.com
Producido e impreso en Estados Unidos de América.

Índice

Prólogo		5
Introducción		6
1	Mi testimonio	7
2	Jesucristo es nuestra salvación	21
3	Solo caminamos en las verdades que conocemos y aplicamos	28
4	La fe en la obra terminada de Jesús	35
5	Cuatro pasos fundamentales para la victoria	40
6	El objetivo N° 1 del enemigo es robar la Palabra de Dios	44
7	Nunca culpes a Dios	50
8	La diferencia entre la esperanza y la fe	59
9	Renovando la mente (una necesidad para vivir en victoria)	63
10	La oración de fe	73
11	Qué hacer cuando hay un contraataque	78
12	Guía de Dios para vivir en la salud que proviene de Él	82
13	El ámbito natural y el ámbito sobrenatural	89
14	Cómo recibir la provisión de Dios	97
15	Viviendo por la fe	103
16	Ponte de acuerdo con Dios	109
17	La fe de Abraham (para seguir su ejemplo)	115
18	El Espíritu Santo prometido	126
19	El Espíritu Santo dado a los creyentes del Nuevo Testamento (Derramamientos)	132
20	El Espíritu Santo operando en la Iglesia	139
21	La obra del Espíritu Santo en la vida del cristiano (los beneficios de recibir el bautismo en el Espíritu Santo)	149
22	Testimonios	163

Prólogo

Por años he tenido el privilegio de compartir tiempo con la pastora Opal Crews. Ella ha sido una fuente de sabiduría e inspiración para mí. Es un honor conocerla y poder llamarla madre espiritual.

Cuando la traté por primera vez, yo tenía una gran necesidad de sanidad en mi hogar. Después de una de sus clases, me acerqué a ella y le conté con desesperanza lo que los médicos me habían dicho; todavía recuerdo como si fuera ayer cuál fue su respuesta: "Raquel, ¿qué dice la Palabra de Dios al respecto?". En ese momento sentí como si me hubiera echado un balde de agua fría, pues yo esperaba su simpatía y lágrimas. Pero la manera en que me contestó me hizo reflexionar y buscar por mí misma cuál es la voluntad de Dios respecto a nuestra salud, y fue ahí donde empezó mi verdadero caminar con el Señor. Nunca olvidaré una ocasión en que le comenté que me gustaría tener su cabeza para así saber todo lo que ella sabe (pues ella se sabe cientos de versos bíblicos); me respondió con una sonrisa: "La Palabra de Dios no funciona en la cabeza, sino en el corazón". Cuánta razón tenía ella, alabado sea Dios por Su Palabra que hace posible lo que para el hombre no lo es. Ella me enseñó a valorar las Palabras que han salido de la boca de Dios, y gracias a ello recibí mi provisión.

Te invito a hacer lo mismo. En las próximas páginas busca la respuesta, y escríbela en las tablas de tu corazón. Lo que Dios hizo por ella, por mí y por las personas que han compartido sus testimonios en este libro, también desea hacerlo por ti. Abre tu corazón y dale honra a Dios al disfrutar de Sus promesas, pues Él es fiel a toda generación.

Raquel Turke

Instructora del instituto Bíblico CWOL

Introducción

Escribí este libro para darle la gloria a Dios por lo que Él ha hecho en mi vida. Creo además que muchos que lo lean aprenderán a entrar en la obra terminada de Jesucristo y a recibir su sanidad. Jesús mismo llevó nuestras enfermedades y dolencias, así como nuestros pecados, y proveyó redención para todo aquel que crea en Su gran obra. Esta fue una obra eterna hecha para todo el mundo.

Dios nos reveló Su voluntad en la Biblia, y te mostraré a partir de las Escrituras que la voluntad de Dios es que seas sanado. En ellas veremos que la fe es un acto, y no solo asentir mentalmente que la Palabra de Dios es verdadera. Tu parte es descubrir lo que Jesucristo hizo por ti, para que luego creas y actúes en base a Su Palabra. Para poder hacer esto necesitas conocer la Palabra de Dios.

Para Dios no hay incurables. Si quieres ser salvo, liberado y sanado, tienes que creer la Palabra de Dios en tu corazón, y actuar en base a ella. La Palabra de Dios vive y da vida. La Palabra de Dios que vive en ti es lo que producirá la vida "zoe" (zoe [del griego]: la calidad de vida de Dios).

En este libro te compartiré el testimonio de mi sanidad milagrosa, y lo que hice para recibirla. Dios también quiere hacer en y por ti lo que hizo por mí. En los siguientes capítulos te compartiré muchas cosas que el Espíritu Santo me ha enseñado sobre el tema de la sanidad que proviene de Dios. Abre ahora tu corazón para recibir la Palabra y voluntad de Dios para ti.

Capítulo 1

Mi Testimonio

Durante la década de los 70, empecé a debilitarme, y a sufrir mucho dolor e hinchazón en varias partes de mi cuerpo. Tenía dificultad para tragar, y mi cuello fue poco a poco poniéndose rígido, hasta que ya no pude moverlo. Me diagnosticaron una artritis reumatoide que afectaba gravemente mis articulaciones; y también me diagnosticaron espondilitis, una rara enfermedad ósea que afectaba mi columna vertebral y fusionaba mis vértebras. Más tarde, los médicos ortopédicos me dijeron que tenía una enfermedad muscular, que según los exámenes que me habían realizado identificaron con toda certeza como distrofia muscular. Al recibir estos diagnósticos me llené de temor, y creo que el temor provocó que estas enfermedades progresaran aún con mayor rapidez.

Al empeorar la espondilitis fui perdiendo mi movilidad, hasta que solo lograba inclinarme levemente. Con el tiempo, la artritis hizo que mi cadera izquierda se bloqueara e inmovilizara. Mis tobillos estaban rígidos, y cojeaba mucho al caminar. Llegué al punto de no poder caminar sobre un terreno irregular. No podía subir o bajar escalones, ni podía subir la más mínima pendiente si no me sujetaba de algo o de alguien.

Sabía que el hombre y la medicina natural eran incapaces de curarme. Conocía de cerca lo que era la distrofia muscular, pues una de mis hermanas había quedado postrada por más de diez años a causa de esta enfermedad.

Entonces, luego de que me habían diagnosticado tres enfermedades incurables, sabía que Dios era mi única esperanza. También sabía que Dios sigue sanando y haciendo milagros hoy, porque la Biblia dice que Él no ha cambiado. Hebreos 13:8, dice: *"Jesucristo es el mismo ayer, y hoy, y por los siglos"*. Yo había experimentado personalmente Su poder sanador, pues de niña había sido sanada de escarlatina, y cuando era joven fui sanada de hemorroides. En 1958, mientras me encontraba en una reunión del hermano Oral Roberts, fui sanada de una afección sanguínea y de un doloroso bulto en mi cuello.

Lo que no sabía en ese momento es que Jesucristo ya había obtenido la sanidad para nosotros; que Él la compró y pagó por completo cuando fue a la cruz llevando nuestros pecados y enfermedades. Y cuando se levantó, ascendió al lugar santo y ofreció Su propia sangre, y así obtuvo eterna **redención** para todo aquel que pone su confianza en Él (Heb. 9:12).

La redención significa un rescate completo, liberación, y la salvación de Cristo (Concordancia Strong Exhaustiva).

> Sabía que esta era mi única respuesta, y comencé a escudriñar y subrayar los pasajes bíblicos que hablaban de sanidad.

Así es, sabía que Dios sanaba, pero no sabía cómo recibir o tomar por fe mi sanidad. En el transcurso de cuatro años quedé semi inválida, necesitando asistencia casi total, por lo que una de mis hermanas renunció a su trabajo para ayudar a cuidarme. Yo estaba pereciendo por falta de conocimiento (Os. 4:6).

Estaba en cama la mayor parte del tiempo. Me obligaba a diario a levantarme y sentarme en una silla, tratando de mantener el máximo de movilidad posible. Intentaba sentarme por periodos de dos horas, y luego volvía a acostarme; pero el dolor era constante, sin importar lo que hiciera. Al empeorar, llegué al punto de decirle a mi hermana que estaba postrada en cama: "Ni siquiera volveré a intentar levantarme y sentarme, es demasiado difícil". Ella me dijo: "Opal, mientras puedas seguir poniendo un pie delante del otro, no te quedes en la cama, porque la cama te hartará".

Aunque teníamos un buen seguro médico, ni el hombre, con todos sus conocimientos médicos, ni mucho dinero podrían haber comprado mi salud. Así que me volví con todo el corazón hacia la Palabra de Dios. Sabía que esta era mi única respuesta, y comencé a escudriñar y subrayar los pasajes bíblicos que hablaban de sanidad. Los leía todos los días, y a menudo lo hacía varias veces al día. Le oré a Dios pidiendo mi sanidad. Al principio intentaba convencerlo para que me sanara, porque no entendía que en la obra de Jesús en la cruz del Calvario, Él ya había provisto sanidad para mí.

Puede que estés comenzando desde la misma condición de no saber que Dios sana, o de no saber cuál es Su voluntad para ti en lo que se refiere a sanidad, pero tú también puedes aprender. ¡Alabado sea Dios! Abre tu corazón y pídele al Espíritu Santo de Dios que te dé entendimiento al leer este libro y estudiar las Escrituras, y Él lo hará sin lugar a dudas.

Isaías 53:1, dice: *"¿Quién ha creído a nuestro anuncio? ¿y sobre quién se ha manifestado el brazo de Jehová?"*. En un principio, cuando oraba para que Dios me sanara, no creía a Su anuncio; no creía que ya me había sanado.

700 años antes del Calvario, Isaías predijo que Jesús nos sanó.

Isaías 53:4, 5

> *⁴ Ciertamente llevó él nuestras enfermedades, y sufrió nuestros dolores; y nosotros le tuvimos por azotado, por herido de Dios y abatido.*
>
> *⁵ Mas él herido fue por nuestras rebeliones, molido por nuestros pecados; el castigo de nuestra paz fue sobre él, y por su llaga fuimos nosotros curados.*

La Biblia también dice que Jesús tomó nuestras enfermedades y llevó nuestras dolencias. Mateo 8:17, dice: *"para que se cumpliese lo dicho por el profeta Isaías, cuando dijo: <u>Él mismo tomó nuestras enfermedades, y llevó nuestras dolencias</u>"*.

Aunque conocía estos pasajes, todavía no eran una revelación ni eran reales para mí. Me faltaba entender cómo echar mano de estas verdades y hacerlas propias.

En una ocasión, mi hermano vino a visitarme y yo no tenía ganas de recibirlo, porque sentía mucho dolor. Recuerdo haber dicho, *Señor, ¿cuándo me vas a sanar?* Seguía con la esperanza de que lo hiciera, porque lo había hecho antes; pero no estaba entendiendo que esta vez Dios esperaba más de mí. Tenía que aprender que entre la esperanza y la fe existe una gran diferencia. La esperanza bíblica es una expectativa ferviente, pero para poder recibir las promesas de Dios y producir el resultado final de la sanidad, es necesario añadirle fe. Hebreos 11:1, dice: *"Es, pues, la fe la certeza de lo que se espera, la convicción **de lo que no se ve**"*. "Lo que no se ve", se refiere a que aún no se ha revelado a los sentidos físicos.

Cuando le pregunté al Señor cuándo me sanaría, el Espíritu Santo habló a mi espíritu, diciendo: "Opal, esta vez no recibirás tu sanidad, hasta que la recibas creyendo en Mi Palabra y en la obra que ya hice por ti". Mis ojos se llenaron de lágrimas mientras miraba mis pies hinchados que sobresalían de mis zapatos, y dije, *Señor, estás siendo muy duro conmigo, pidiéndome que crea que ya me sanaste con todo lo que siento y veo.*

Fue entonces cuando el Espíritu Santo me recordó el Calvario, de cómo Jesús había ido a la cruz y habían herido Su espalda. Jesús la había entregado a quienes lo golpearon, los heridores, y Sus mejillas, a quienes arrancaron Su barba (Is. 50:6). El Espíritu Santo me recordó que se habían burlado de Jesús, y que mientras colgaba de la cruz, se habían reunido a Su alrededor y le decían: *"A otros salvó, a sí mismo no se puede salvar; si es el Rey de Israel, descienda ahora de la cruz, y creeremos en él"* (Mt. 27:42).

El Señor me recordó que ese día Jesús podría haberse salvado a Sí mismo, pero permaneció ahí voluntariamente para salvarnos a ti y a mí. Me di cuenta de lo difícil que fue para el Padre enviar a Su Hijo a esta tierra para ser entregado por todos nosotros, para tomar nuestros pecados, sanarnos, y para que pudiéramos obtener nuestra libertad; y también fue difícil para Jesús. Entonces me arrepentí de haberle dicho al Señor que estaba siendo muy duro conmigo. Luego oré: *Señor, que tu Palabra cobre vida en mí, para que no sean solo palabras las que estoy leyendo.* Le pedí al Espíritu Santo que me enseñara, y fue entonces cuando comenzó a abrirme las Escrituras, y durante las semanas y meses siguientes fue dándome percepción y entendimiento.

Poco tiempo después, mi madre espiritual en el Señor, la hermana Beatrice Stansky, una misionera jubilada, envió a dos mujeres a mi casa a orar por mí. Ellas se sentaron conmigo, y repasaron los pasajes sobre sanidad que nos dicen que Dios proveyó sanidad para todos a través de Cristo. Luego oraron por mí, y finalmente me preguntaron: "¿Recibiste tu sanidad?". Como no les respondí me preguntaron nuevamente; y como seguí sin responderles me preguntaron por tercera vez. Miré mis pies hinchados, y luego las miré, y les dije: "Bueno, quiero decir la verdad". Ellas me dijeron: "¿Cuál es la verdad?". Jesús dijo, en Juan 17:17: *"…tu palabra es verdad"*.

Hasta ese momento yo pensaba que estaría mintiendo si decía que estaba sana, cuando no parecía estarlo ni me sentía sana. Mi enfoque estaba puesto en lo natural, en lo que veía y sentía, y no en lo que Dios había provisto para mí. El Señor usó a estas dos mujeres para hacerme pensar en que la Palabra es la verdad. Dios estaba respondiendo mi oración y vivificando Su Palabra para mí, tal como se lo había pedido.

En otra oportunidad, soñé una noche con una señora que iba a la iglesia a la que yo asistía. Ella había recibido su sanidad de artritis luego de haber orado la oración de fe. En mi sueño le decía, *Mary, creo que si vinieras a orar por mí recibiría mi sanidad*; y ella me respondía, diciendo, *Opal, lo haré, pero tú también tienes al Sanador viviendo dentro de ti*. Esta era otra verdad que había desconocido, hasta que el Espíritu Santo me mostró que cuando nacemos de nuevo, Jesucristo viene por el Espíritu Santo a vivir en nosotros (Col. 1:26, 27).

Yo tenía muchos amigos (demasiado numerosos para mencionarlos) que me amaban y oraban por mí, y creían que Dios podía sanarme. Pero algunos de los que oraban no creían realmente que yo estaba sana; y no pudieron creerlo hasta que lo vieron con sus propios ojos.

> **Pero algunos de los que oraban no creían realmente que yo estaba sana; y no pudieron creerlo hasta que lo vieron con sus propios ojos.**

Cuando ya no pude manejar más, una querida amiga venía a mi casa para llevarme con ella a un estudio bíblico. Siempre sentía la presencia del Espíritu Santo en esas reuniones, y sabía que todos ahí creían que Dios todavía hace milagros. Su amor y cuidados fueron muy importantes. Solían orar por mí, y estoy segura de que muchos de ellos lo hacían creyendo. Pero yo seguía sin recibir mi sanidad, porque aún tenía que aprender que quien está en fe cree que recibe **cuando ora**; es decir, antes de que sus ojos vean la evidencia. Marcos 11:24, dice: *"Por esta razón les digo que todo por lo cual oran y piden, crean que lo han recibido y les será hecho"* (RVA-2015).

Yo era quien debía creer que había recibido; pero en lugar de eso, seguía esperando a ver si algo sucedía o cambiaba en mi cuerpo para entonces creer. Esta no era "fe que recibe". Así fue que en lugar de mejorar, empeoré.

Yo estaba orando, y otros también oraban por mí, pero seguía enferma. La voluntad de Dios era sanarme, pero yo simplemente no sabía cómo recibirlo. No sabía que tenía que confiar en la obra terminada de Jesucristo en relación a la enfermedad, tal como había confiado en que Él había llevado mi pecado. Tenía que aceptar por fe a Jesús como mi Sanador, de la misma manera en que a los once años de edad lo había aceptado como mi Salvador. La oración por sí sola no es suficiente para ser salvo (nacer de nuevo); tampoco lo es para ser sanado. Tiene que haber una aceptación o una acción de recibir por parte del individuo.

Algunos piensan que se hará la obra si logras que mucha gente o una persona en particular oren por ti; sin embargo, muchos hermanos y muchos miembros de mi propia familia estaban orando por mí y queriendo que me mejorara, pero seguía enferma.

Aun cuando 1.000 personas oraran por ti las 24 horas del día, de todos modos en algún momento tendrías que llegar a creer que has recibido lo que pediste y considerarlo como tuyo, sin importar lo que dijeran tus sentidos físicos. Antes de que pueda haber algún cambio físico tienes que creer que recibiste tu sanidad. Debes tomarle la Palabra a Dios y creer que Su Palabra es verdad (Jn. 17:17). Debes creer a **Su** anuncio (Is. 53:1) que dice que por las llagas de Jesús fuiste sanado (1 P. 2:24).

Dios nos ha prometido que el proceso de sanidad física comenzará el mismo instante en que creamos que hemos recibido, tal como lo dicen los siguientes pasajes:

Mateo 21:22: *Y todo lo que pidiereis en oración, <u>creyendo</u>, <u>lo recibiréis</u>.*

1 Juan 5:14, 15

> *¹⁴ Y esta es la confianza que tenemos en él, que si pedimos alguna cosa conforme a su voluntad, él nos oye.*
>
> *¹⁵ Y si sabemos que él nos oye en cualquiera cosa que pidamos, <u>sabemos que tenemos las peticiones que le hayamos hecho</u>.*

Marcos 11:24: *"Por esta razón les digo que todo por lo cual oran y piden, crean que lo han recibido y les será hecho"* (RVA-2015).

Tú recibes sanidad inmediatamente cuando la pides, pero su manifestación no siempre es inmediata. ¿Cómo podía yo creer que la había recibido, si cada uno de mis sentidos decía lo contrario? Tuve que aprender lo que significa creer y recibir. Una buena definición para estas dos palabras es la siguiente:

Creer: confiar en, depender, comprometerse, aferrarse, adherirse a.

Recibir: agarrar, asir, aceptar, tomar como propio.

Tuve que confiar, depender y comprometerme con la Palabra de Dios, dejándola ser mi autoridad final. Tuve que permitir que la Palabra de Dios gobernara y reinara en mi vida. Si lo que veía, sentía u oía no estaba de acuerdo con la Palabra de Dios, tenía que escoger creer lo que ella decía al respecto. Pero hasta entonces no lo había hecho.

Gracias a Dios, finalmente llegué a entender que aunque Dios amó tanto al mundo que envió a Su Hijo para salvarlo (Jn. 3:16, 17), yo aún tenía que responder al gran amor de haber enviado a Su hijo eterno, Jesús, a redimirme de la maldición de la ley (Gl. 3:13, 14). Jesús se dio a Sí mismo en rescate por nosotros (1 Ti. 2:6), pero yo tenía que creer y recibir lo que Él había hecho por mí; y eso incluía haber llevado mis enfermedades (Is. 53:5).

El punto en cuestión no es si la voluntad de Dios es o no salvarnos. 1 Timoteo 2:4, dice claramente: *"el cual [Dios] quiere que todos los hombres sean salvos y vengan al conocimiento de la verdad"*. La palabra *salvos* en griego es "sozo".

Sozo: A SALVO – Salvar; esto es, liberar o proteger, **sanar**, preservar, salvar (el ser), ir bien, y ser (hacer) completo (Concordancia Strong Exhaustiva).

Entonces, cuando vemos la palabra "salvar/salvo", incluye la obra completa que hizo Cristo a favor del espíritu, el alma y el cuerpo de todo ser humano. Esta palabra griega aparece 120 veces en 103 versículos del Nuevo Testamento. Algunos de estos pasajes están incluidos para que los veas al final de este capítulo.

Durante todo ese tiempo, el enemigo (Satanás) solía venir a mí con pensamientos de desaliento intentando que me diera por vencida. Satanás siempre tratará de hacernos renunciar a la Palabra de Dios, porque sabe que en la medida en que vayamos conociendo la verdad y comencemos a actuar en base a ella, él estará derrotado en nuestras vidas. Él me decía, *Recuerda lo que dijeron los médicos*; luego decía, *No estás sana; vas a morir*. El enemigo me recordaba que los médicos habían dicho que estas enfermedades son progresivas e incurables. Me decía que me enterrarían en la montaña, junto a mi madre. Me dijo que escogiera mi mejor atuendo para que me vistieran con él al enterrarme, e incluso me dijo que me veía bien de rosado.

Por mucho tiempo albergué estos pensamientos, pues no sabía que era el enemigo quien los traía a mi mente. Él tiene muchos engaños (Jn. 8:44, Ef. 6:11), y si lo oyes, te impedirá recibir la herencia de sanidad que Dios te ha dado. Intentará hacerte poner tu atención en los síntomas, y que retrocedas y vuelvas a andar por vista y no por fe. 2 Corintios 5:7, dice: *"(porque por fe andamos, no por vista)"*. Nuestra fe debe estar siempre en la Palabra del Dios vivo, y en la obra de Jesucristo, nuestro Redentor.

Durante ese tiempo me era muy difícil leer la Palabra de Dios porque me dolía sostener mi Biblia, pero aun así, todos los días leía los pasajes sobre sanidad. Conseguí además el Nuevo Testamento en cinta de audio, y algunas canciones bíblicas de adoración, así como algunas enseñanzas de Kenneth E. Hagin. Él había estado postrado en cama, pero después de haber estudiado la fe y la sanidad en la Biblia, se había vuelto a levantar y se había sanado de más de una enfermedad mortal.

> **Cuando me puse de pie, entonces dijo, "Sí, querida, eres tú. Ven acá y ponte en fila para que oren por ti".**

Oía estas enseñanzas durante día y noche. En ese tiempo dormía muy poco debido al dolor que sentía en mi cuerpo. Pero al oír a este hombre de Dios enseñando acerca de la fe bíblica, sabía que él hablaba lo que la Palabra de Dios dice, pues yo había leído muchas veces el Nuevo Testamento, e incluso había memorizado varios pasajes.

Sin embargo, a través de estas enseñanzas me di cuenta de que tenía un rol que desempeñar para recibir mi sanidad; entonces comencé a trabajar desde el lado de quien recibe. La Palabra de Dios comenzó a traerme esperanza, y a mostrarme cuál era mi rol para recibir lo que Jesús había provisto para mí.

Lo primero que hice fue someterme a la Palabra de Dios y reconocer que Su Palabra es verdad. Creí la Palabra de Dios, y luego me apropié de mi sanidad de la artritis y la espondilitis. En ese momento no me apropié de mi sanidad de la enfermedad muscular; esta seguía siendo algo demasiado grande en mi mente pues mi hermana había sufrido de ella por muchísimo tiempo.

Vicki Jamison (Peterson), era una evangelista que en ese entonces estaba de visita en nuestra área. Había oído que gente estaba siendo sanada en sus reuniones, así que fui. Ella declaraba cada sanidad según recibía palabras de sabiduría, que es uno de los dones espirituales que Dios estableció en la iglesia (1 Co. 12), y muchos eran sanados. En esa reunión, ella dijo: "Alguien que está allá atrás está siendo sanada de una enfermedad muscular". Señaló en mi dirección, pero no pensé que se refiriera a mí porque no sentía ninguna diferencia; así que me quedé en mi asiento. Cuando otra persona se puso de pie, la evangelista dijo: "No eres tú, querido(a), pero baja y ven a ponerte en la fila para oración". Continuó diciendo esto muchas veces, y a medida que otros se iban poniendo de pie, ella les iba diciendo: "No eres tú, querido(a), pero baja y ven a ponerte en la fila para oración".

Finalmente decidí ponerme de pie, pues seguía apuntando en mi dirección y pensé que podría referirse a mí. Cuando lo hice, ella dijo: "Sí, querida, eres tú. Ven acá y ponte en la fila para oración". En esta fila había tal vez unas 40 o más personas a las que ella había llamado por los diversos motivos que había ido declarando. Pensé, *Es imposible que pueda orar por todas estas personas*. Así que tomé una decisión en ese mismo instante, y mientras estaba en la fila, le dije al Señor desde mi corazón, *Señor, aunque nunca más alguien ore por mí, esta misma noche me apropio de mi sanidad de esta enfermedad muscular. Sé que es tu Espíritu Santo el que lleva a cabo la sanidad en mí, tal como fue Él quien llevó a cabo en mí el nuevo nacimiento, y por eso me apropio de mi sanidad ahora mismo. Lo doy por hecho.*

No lo hice por lo que vi o por cómo me sentía, porque no veía ni sentía nada diferente. Lo hice por fe en la Palabra de Dios. En mi corazón sabía que había recibido mi sanidad, aunque no hubiera cambios físicos en mi cuerpo. Pero eso no importó, porque había dejado que la Palabra de Dios lo resolviera por mí. En 1 Pedro 2:24, Pedro declaró: *"Por cuya herida fuisteis sanados"*. La Palabra de Dios lo decía, así que yo lo creí y lo recibí. Dejé de intentar averiguar cómo lo iba a hacer Dios. Solo me apropié de mi sanidad por fe.

Cuando volví a mi casa, pedí que quitaran la silla especial de respaldo alto donde me había estado sentando para quedar bien apoyada, así como la silla junto a ella que siempre usaba como ayuda para levantarme. Luego pedí que me trajeran una silla normal para sentarme. Lo hice así porque consideraba que mi sanidad estaba hecha, así que ya no necesitaría sillas especiales. Unos días más tarde, estando sentada en una silla normal, repasando mis pasajes de sanidad y estudiando la Palabra, llegué a Marcos 5. Leí sobre la pequeña mujer con flujo de sangre. Cuando llegué al versículo 34, sentí como si este se hubiera levantado (resaltado) sobre la página. Marcos 5:34, dice: *"Y él le dijo: Hija, tu fe te ha hecho salva; ve en paz, y queda sana de tu azote"*. El Espíritu del Señor habló a mi espíritu: *Es hora de que empieces a actuar según tu fe, y para lo que estás creyendo*. Entonces, reflexioné sobre lo que podía hacer para mostrar mi fe a través de acciones. Luego pensé, *Me gustaría ir a visitar a la hermana Stansky*, mi madre espiritual, y quien había orado mucho por mí.

El enemigo me decía: "Recuerda lo que dijeron los médicos". Yo, en cambio, recordaba lo que decía la Palabra de Dios.

No había podido conducir por cerca de tres años, y todos los síntomas seguían presentes en mi cuerpo; me sentía exactamente igual que antes. Mi cuello seguía trabado y rígido, por lo que no podía girar la cabeza. Para llegar a la casa de la hermana Stansky debía cruzar una calle de cuatro pistas, así que le pedí a mi hermana Elizabeth (ella llevaba algunos años cuidándome, pero ya no conducía) si podía acompañarme para avisarme cuándo podía cruzar esa calle, pero me respondió con un no rotundo, diciendo: "Espera hasta que te sientas mejor". Ella no veía ningún cambio externo en mí, por lo que no creía que me hubiera sanado; no quería acompañarme, ni quería que yo fuera. No quería creer que me había sanado hasta que pudiera ver que los síntomas habían desaparecido. Pero yo sabía que el Señor había dicho que era momento de actuar en base a lo que había creído.

Entonces, cuando terminé mi tiempo devocional, tomé las llaves y caminé hasta mi auto, pidiéndole al Señor que me cuidara. Al llegar a la calle de cuatro pistas usé mi visión periférica todo lo que me fue posible, la crucé, y luego doblé rumbo a la casa de mi amiga. Cuando estuve con ella le conté lo que había ocurrido, y cómo el Señor me había impulsado a actuar de acuerdo a mi fe. El Espíritu Santo habló a través de ella en lenguas, y su interpretación fue: "Esto provino de mí", lo que me animó muchísimo.

A medida que actuaba en la Palabra, hubo momentos en que si hubiera andado de acuerdo a como me sentía, no habría hecho nada. A veces parecía retroceder en lugar de avanzar. El enemigo me decía, *Recuerda lo que dijeron los médicos*. Yo, en cambio, recordaba lo que decía la Palabra de Dios.

Después de esto, casi todos los días tomaba mi auto e iba a alguna tienda cercana para pasear por un rato. Seguía cojeando severamente. Mi cadera izquierda estaba trabada, y la rodilla derecha aún me dolía. El enemigo (el diablo), quien nos desanima, venía a mi mente con sus mentiras, diciendo, *Vas a caer al suelo aquí mismo*. Pero yo citaba silenciosamente Isaías 41:10, que dice: *"No temas, porque yo estoy contigo; no desmayes, porque yo soy tu Dios que te esfuerzo; siempre te ayudaré, siempre te sustentaré con la diestra de mi justicia"*, y este versículo me animaba mucho.

Antes de que reclamara mi sanidad, mi rutina diaria había consistido en intentar permanecer por dos horas sentada en una silla, y luego recostarme por otras dos horas. Cuando podía, y con la ayuda de mi hijo para vestirme, continuaba yendo los domingos por la mañana al servicio de adoración en nuestra iglesia. Me sentaba en el último asiento, donde tenía en qué apoyarme al momento de ponerme en pie.

Una o dos semanas después de haber ido a casa de la hermana Stansky, fui al servicio dominical de las 11 a.m., aún con síntomas en mi cuerpo, y me senté en el último asiento como solía hacerlo. Al terminar el servicio, sentí en mi espíritu que debía dar testimonio, así que me levanté lentamente y hablé a la congregación: "He tomado mi sanidad por fe en la obra de Jesucristo, tal como lo tomé por fe como mi Salvador".

Cité a la congregación Isaías 53:5, que dice: *"Mas él herido fue por nuestras rebeliones, molido por nuestros pecados; el castigo de nuestra paz fue sobre él, y por su llaga fuimos nosotros curados"*. Y Mateo 8:17: *"para que se cumpliese lo dicho por el profeta Isaías, cuando dijo: El mismo tomó nuestras enfermedades, y llevó nuestras dolencias"*. Y también cité 1 Pedro 2:24: *"quien llevó él mismo nuestros pecados en su cuerpo sobre el madero, para que nosotros, estando muertos a los pecados, vivamos a la justicia; y por cuya herida fuisteis sanados"*. Por último, les dije: "Y lo verán con sus propios ojos".

Algunos creyeron; pero muchos eran tal como yo había sido en otro tiempo, y no creyeron. Ese día me vieron salir cojeando lentamente. Mi aspecto no había cambiado, no sentía mi cuerpo diferente. No sabía cuándo me vería o sentiría diferente, pero había echado mano de la Palabra viva de Dios, y sabía que Aquél que es fiel a Su Palabra haría la obra en mí. En los días y noches que siguieron empecé a apoderarme de las promesas de Dios. Fui mejorando lentamente, hasta que mi sanidad llegó a manifestarse por completo. Habían pasado varios meses cuando finalmente pudieron ver mi sanidad total con sus propios ojos.

Mi sanidad había sido un proceso de meses, en los que mis articulaciones se fueron desbloqueando y liberando. Nuevamente podía girar mi cuello y mi cabeza. Pude levantarme y hacer las cosas que solía hacer. Volví a ocuparme de mis tareas domésticas, y ya no necesitaba la ayuda de mi hermana. ¡Alabado sea Dios! ¡Dios es fiel! ¡Él es fiel a Su Palabra!

Al recordar las sanidades "instantáneas" que había recibido en el pasado, me di cuenta de que en cada instancia las había considerado hechas.

Por fe me había apropiado de ellas, pero no me había dado cuenta de que eso era lo que había hecho. Con cada sanidad que había experimentado, hubiera sido una sanidad inmediata o un proceso, la había considerado como propia mediante la fe en la Palabra de Dios antes de llegar a sentirla o verla.

Después de que Dios me levantó de ese lecho de enfermedad, me dijo: "Ve y habla de Mi fidelidad hacia Mi Palabra". Dios también me había dicho muchas veces a través de la Hermana Stansky, por Su Espíritu: "Llénate de Mi Palabra, abre tu boca y Yo la llenaré". He obedecido y he hecho lo que Dios me ordenó hacer, y Él ha sido fiel en llenar mi boca con Su Palabra.

Dios también me dijo a través de la hermana Stansky, por Su Espíritu: "Muchos serán liberados por las Palabras Mías que hablarás". Dios lo ha hecho fielmente. He visto a muchos echar mano de la Palabra de Dios, y recibir su sanidad.

En los siguientes capítulos te enseñaré lo que el Espíritu Santo me ha enseñado para recibir lo que Dios ya ha provisto para ti.

Ejemplos de versículos para Sozo:

Sozo: A SALVO – Salvar; esto es, liberar o proteger, **sanar**, preservar, salvar (el ser), ir bien, y ser (hacer) completo (Concordancia Strong Exhaustiva).

Mateo 1:21: *"Y dará a luz un hijo, y llamarás su nombre JESÚS, porque él salvará* [sozo] *a su pueblo de sus pecados".*

Marcos 16:15, 16

15 Y les dijo: Id por todo el mundo y predicad el evangelio a toda criatura.

16 El que creyere y fuere bautizado, será salvo [sozo]; *mas el que no creyere, será condenado.*

Marcos 5:22, 23

²² Y vino uno de los principales de la sinagoga, llamado Jairo; y luego que le vio, se postró a sus pies,

²³ y le rogaba mucho, diciendo: Mi hija está agonizando; ven y pon las manos sobre ella para que sea salva [sozo], y vivirá.

Marcos 5:27, 28

²⁷ cuando oyó hablar de Jesús, vino por detrás entre la multitud, y tocó su manto.

²⁸ Porque decía: Si tocare tan solamente su manto, seré salva [sozo].

Marcos 6:56

Y dondequiera que entraba, en aldeas, ciudades o campos, ponían en las calles a los que estaban enfermos, y le rogaban que les dejase tocar siquiera el borde de su manto; y todos los que le tocaban quedaban sanos [sozo].

Marcos 10:51, 52

⁵¹ Respondiendo Jesús, le dijo: ¿Qué quieres que te haga? Y el ciego le dijo: Maestro, que recobre la vista.

⁵² Y Jesús le dijo: Vete, tu fe te ha salvado [sozo]. Y en seguida recobró la vista, y seguía a Jesús en el camino.

Lucas 7:48-50

⁴⁸ Y a ella le dijo: Tus pecados te son perdonados.

⁴⁹ Y los que estaban juntamente sentados a la mesa, comenzaron a decir entre sí: ¿Quién es éste, que también perdona pecados?

⁵⁰ Pero él dijo a la mujer: Tu fe te ha salvado [sozo], ve en paz.

Lucas 8:12: *"Y los de junto al camino son los que oyen, y luego viene el diablo y quita de su corazón la palabra, para que no crean y se salven [sozo]".*

Santiago 5:14, 15

¹⁴ ¿Está alguno enfermo entre vosotros? Llame a los ancianos de la iglesia, y oren por él, ungiéndole con aceite en el nombre del Señor.

¹⁵ Y la oración de fe salvará [sozo] *al enfermo, y el Señor lo levantará; y si hubiere cometido pecados, le serán perdonados.*

NOTA: En estos pasajes, vemos que muchas veces cuando Jesús usó la palabra griega "sozo" en los evangelios, se estaba refiriendo a la sanidad física.

Capítulo 2

Jesucristo es nuestra salvación

Jesús vino a la tierra para ser nuestra salvación. Él compró nuestra libertad aun antes de que naciéramos. Jesús sufrió, sangró y murió para que pudiéramos recibir todo lo que hizo por nosotros. Él proveyó para toda necesidad de la humanidad –espíritu, alma y cuerpo– a través de Su obra en el Calvario. Muchos no llegan a experimentar porciones de la salvación de Cristo mientras están en la tierra, porque ignoran que les corresponde hacer una parte para recibir todo lo que Él hizo y todo lo que la salvación provee. De cualquier manera, Cristo lo hizo por ellos, y desea que lo reciban como propio.

¿Qué provee la salvación?

Salvación (palabra griega *Soteria*): rescate o seguridad (en el ámbito físico o moral): liberación, **salud**, rescatar, que guarda continuamente).

¿Qué debemos saber para experimentar esta salvación?

Primero, debemos darnos cuenta de que la Biblia no es un simple libro, sino una revelación de Jesucristo, el Hijo eterno de Dios, y del plan de salvación y redención de Dios. El Calvario era el destino de Jesucristo desde antes de la fundación del mundo.

Es muy importante que veamos esta obra de salvación como algo que se llevó a cabo para nosotros personalmente. Tenemos entrada a esta gran salvación al oír, creer, confesar y actuar de acuerdo a lo que la Palabra de Dios dice sobre nosotros, y acerca de lo que Él ya hizo por nosotros.

La salvación se debe proclamar como una obra terminada para <u>todo aquel</u> que venga, crea y entre en lo que Jesucristo ha provisto. El evangelio se trata de la salvación, tal como Pablo lo dice, en Romanos 1:16: *"Porque no me avergüenzo del evangelio, porque es poder de Dios para salvación a todo aquel que cree; al judío primeramente, y también al griego* [que se refiere al resto de las naciones]*"*. El evangelio trae salvación cuando se le cree y es la base del actuar.

Isaías nos anunció mucho sobre la venida de Aquél (Jesús) que sería salvación de generación en generación y hasta el fin de la tierra.

Isaías 49:6: *"dice: Poco es para mí que tú seas mi siervo para levantar las tribus de Jacob, y para que restaures el remanente de Israel;* <u>también te di por luz de las naciones, para que seas mi **salvación** hasta lo postrero de la tierra</u>*"*.

Isaías 51:6, 8

> ⁶ *Alzad a los cielos vuestros ojos, y mirad abajo a la tierra; porque los cielos serán deshechos como humo, y la tierra se envejecerá como ropa de vestir, y de la misma manera perecerán sus moradores; pero mi **salvación** será para siempre, mi justicia no perecerá.*
>
> ⁸<u>*…pero mi justicia permanecerá perpetuamente, y mi **salvación** por siglos de siglos.*</u>

Isaías 52:7: *"¡¡Cuán hermosos son sobre los montes los pies del que trae alegres nuevas, del que anuncia la paz, del que trae nuevas del bien, del que publica **salvación**, del que dice a Sion: !!Tu Dios reina!"*.

Isaías 52:10: *"Jehová desnudó su santo brazo ante los ojos de todas las naciones, y todos los confines de la tierra verán la **salvación** del Dios nuestro"*.

En Isaías 7:14 se anunció lo siguiente: *"Por tanto, el Señor mismo os dará señal: He aquí que la virgen concebirá, y dará a luz un hijo, y llamará su nombre Emanuel"*. Isaías incluye muchos pasajes que anuncian la venida de Cristo. Luego, en el Nuevo Testamento, vemos el cumplimiento de Su nacimiento, cuando Cristo nace de la virgen María.

Lucas 1:26-33

> ²⁶ *Al sexto mes el ángel Gabriel fue enviado por Dios a una ciudad de Galilea, llamada Nazaret,*

> *²⁷ a una virgen desposada con un varón que se llamaba José, de la casa de David; y el nombre de la virgen era María.*
>
> *²⁸Y entrando el ángel en donde ella estaba, dijo: !!Salve, muy favorecida! El Señor es contigo; bendita tú entre las mujeres.*
>
> *²⁹Mas ella, cuando le vio, se turbó por sus palabras, y pensaba qué salutación sería esta.*
>
> *³⁰Entonces el ángel le dijo: María, no temas, porque has hallado gracia delante de Dios.*
>
> *³¹Y ahora, concebirás en tu vientre, y darás a luz un hijo, y llamarás su nombre JESÚS.*
>
> *³²Este será grande, y será llamado Hijo del Altísimo; y el Señor Dios le dará el trono de David su padre;*
>
> *³³y reinará sobre la casa de Jacob para siempre, y su reino no tendrá fin.*

Jesús fue llevado al templo después de Su nacimiento para ser dedicado. Se nos dice que <u>ahora la salvación de Dios está en la tierra</u>.

Lucas 2:22, 25-30

> *²² Y cuando se cumplieron los días de la purificación de ellos, conforme a la ley de Moisés, le trajeron a Jerusalén para presentarle al Señor*
>
> *²⁵Y he aquí había en Jerusalén un hombre llamado Simeón, y este hombre, justo y piadoso, esperaba la consolación de Israel; y el Espíritu Santo estaba sobre él.*
>
> *²⁶Y le había sido revelado por el Espíritu Santo, que no vería la muerte antes que viese al Ungido del Señor.*
>
> *²⁷Y movido por el Espíritu, vino al templo. Y cuando los padres del niño Jesús lo trajeron al templo, para hacer por él conforme al rito de la ley,*
>
> *²⁸ él le tomó en sus brazos, y bendijo a Dios, diciendo:*
>
> *²⁹Ahora, Señor, despides a tu siervo en paz, Conforme a tu palabra;*
>
> *³⁰<u>Porque han visto mis ojos tu **salvación**</u>....*

Hechos 4:12: *"Y en ningún otro hay salvación; porque no hay otro nombre bajo el cielo, dado a los hombres, en que podamos ser salvos".*

Durante gran parte de mi vida cristiana ignoré lo que la salvación incluía. Cuando leía las palabras "salvo" y "salvación" en la Biblia, pensaba que solo significaban nacer de nuevo; y dado que ya había nacido de nuevo, las pasaba por alto y continuaba leyendo. No sabía cómo entrar en la plenitud de la salvación, ni sabía todo lo que esta incluye. Hoy en día esto ocurre con muchos creyentes.

Una vez que la obra del Calvario fue terminada, Pablo nos dice cómo entrar en ella.

Romanos 10:9, 10, 13

> *⁹ que si confesares con tu boca que Jesús es el Señor, y creyeres en tu corazón que Dios le levantó de los muertos, serás salvo.*
>
> *¹⁰ Porque con el corazón se cree para justicia, pero con la boca se confiesa para salvación.*
>
> *¹³ porque todo aquel que invocare el nombre del Señor, será salvo.*

Creer y confesar es participar, y esto precede al poseer.

Eres salvo si has hecho lo que dicen los versículos 9, 10 y 13 de Romanos 10. La salvación es mucho más que nacer de nuevo y recibir la vida eterna. El versículo 10 nos dice cómo podemos participar de Su salvación plena (Rescate o seguridad [en el ámbito físico o moral]: liberación, **salud**, rescatar, que guarda continuamente).

La salvación no es algo de lo que participamos una sola vez. Mientras corremos nuestra carrera terrenal, deberíamos participar de ella diariamente.

Creer y confesar es participar, y esto precede al poseer. Si necesitamos sanidad, creemos y confesamos a Jesús como nuestro Sanador. Si necesitamos seguridad, creemos y confesamos que Él es nuestra Seguridad. Si necesitamos liberación o rescate, creemos y confesamos que Él es nuestro Libertador, es quien nos rescata; y así sucesivamente. Creer y confesar nos permite caminar en lo que fue provisto por la salvación.

Quiero compartirte el gran testimonio de una mujer que recibió su sanidad después de asistir a mi clase. En esta clase, el Espíritu Santo me llevó a enseñar sobre el significado de la palabra "salvación", así que lo estuve haciendo por algo más de un año. La historia ocurrió de la siguiente manera.

Treva trabajaba en una tintorería local. Ella acababa de atender a un cliente, cuando de pronto notó que no podía mover las piernas y sentía algo raro en su cabeza. Justo en ese momento entró el esposo de su nieta, quien le avisó al jefe de Treva, y este le dijo que llamara al número de emergencia. Llegó la ambulancia y comenzaron su procedimiento de rutina camino del hospital.

Treva dijo que había comenzado a declarar Isaías 53:4, 5, que dice:

⁴ Ciertamente llevó él nuestras enfermedades, y sufrió nuestros dolores; y nosotros le tuvimos por azotado, por herido de Dios y abatido.

⁵ Mas él herido fue por nuestras rebeliones, molido por nuestros pecados; el castigo de nuestra paz fue sobre él, y por su llaga fuimos nosotros curados.

Estos versículos nos dirigen hacia la cruz en tiempo futuro. Luego citó 1 Pedro 2:24: *"quien llevó él mismo nuestros pecados en su cuerpo sobre el madero, para que nosotros, estando muertos a los pecados, vivamos a la justicia; y por cuya herida fuisteis sanados"*, y este nos dirige hacia la cruz en tiempo pasado, donde recibimos nuestra sanidad.

Ella comenzó a orar, diciendo: "Señor, no es Tu voluntad que me ocurra esto", y en el nombre de Jesús echó al diablo fuera de su cuerpo.

En el hospital, después de examinarla, le preguntaron si tenía un neurocirujano, a lo que ella contestó que no. Entonces le dijeron: "Va a necesitar uno". La enviaron a un hospital más grande de esa zona, y llamaron a un neurocirujano muy conocido e importante para que fuera a revisarla con urgencia. Le tomaron un escáner que mostró un aneurisma del tamaño de una pelota de golf en su cerebelo. Cuando el médico miró el escáner sacudió la cabeza, diciendo: "Solo puede ser un milagro. Solo puede ser un milagro. Es solo un milagro". Treva le preguntó de qué estaba hablando. El doctor dijo que en el escáner veía que el aneurisma había ido disminuyendo hasta desaparecer por completo.

Para entonces habían llegado el marido, el hijo y el pastor de Treva. El doctor les mostró el escáner, y todos dijeron: "Solo puede ser un milagro". Treva le contó al médico que había orado de camino al hospital, y él le respondió: "Funcionó". Además le dijo a Treva que si alguna vez le ocurría algo a él, esperaba que ella estuviera cerca. Treva me contó más tarde que lo que le había ayudado a recibir su milagro fue haber aprendido en clase que la sanidad es parte de la salvación. También me dijo que luego de haber orado y declarado su sanidad no se había preocupado más, sino que lo había considerado como hecho. La sometieron a numerosas pruebas durante tres días, y luego los médicos le dijeron que todo estaba bien y la enviaron a casa.

Treva dijo que nunca antes se había dado cuenta de lo esencial que era que el cristiano pusiera en su corazón estas verdades sobre lo que incluye nuestra salvación. Muchas personas que asistieron a esta clase me dijeron que fue más importante que todo lo que habían estudiado antes, porque ahora tenían un mayor entendimiento de su salvación. La salvación no solo incluye nacer de nuevo, sino también la sanidad. Aprendieron que les correspondía hacer algo para recibir su sanidad, tal como lo habían hecho al recibir el nuevo nacimiento. Hubo otros alumnos del curso que también recibieron sanidad en su cuerpo. Uno de ellos recibió sanidad de una afección cardíaca, otro recibió sanidad de úlcera, y otro que había tenido pequeños derrames cerebrales también recibió su sanidad. Todos ellos la recibieron cuando se dieron cuenta de que la sanidad es parte de la salvación de Cristo. Una señora dijo incluso que el curso hizo que toda la Biblia cobrara vida para ella. A Dios sea toda la gloria por la revelación y las sanidades recibidas.

Aceptando a Jesús como tu Señor y Salvador:

No esperes ni un minuto más para ser partícipe de las promesas de Dios. No dejes para mañana lo que puede ser tuyo hoy.

2 Corintios 6:1, 2

> *¹ Así, pues, nosotros, como colaboradores suyos, os exhortamos también a que no recibáis en vano la gracia de Dios.*
>
> *²Porque dice: En tiempo aceptable te he oído, Y en día de salvación te he socorrido* [ayudado]. *He aquí <u>ahora el tiempo aceptable; he aquí ahora el día de salvación</u>.*

Hebreos 2:3: *"<u>¿cómo escaparemos nosotros, si descuidamos una salvación tan</u>*

grande? La cual, habiendo sido anunciada primeramente por el Señor, nos fue confirmada por los que oyeron".

1 Timoteo 2:4-6

> ⁴ *el cual quiere que <u>todos los hombres sean salvos</u> y vengan al conocimiento de la verdad.*
>
> ⁵ *Porque hay un solo Dios, y un solo mediador entre Dios y los hombres, Jesucristo hombre,*
>
> ⁶ *el cual <u>se dio a sí mismo en rescate por todos</u>, de lo cual se dio testimonio a su debido tiempo.*

2 Pedro 3:9: "*El Señor no retarda su promesa, según algunos la tienen por tardanza, sino que es paciente para con nosotros, <u>no queriendo que ninguno perezca</u>, sino que todos procedan al arrepentimiento*".

Si aún no has recibido a Jesucristo como tu Salvador, te animo a que lo hagas ahora mismo. Dios te ama y envió a Su Hijo, Jesucristo, para salvarte. Pero debes recibirlo personalmente como Salvador. Si haces esta oración de corazón, nacerás de nuevo. Pasarás de la muerte espiritual a recibir vida eterna.

"Amado Dios, creo que enviaste a Jesucristo, Tu Hijo, a llevar mis pecados en la cruz, y que Él murió y fue resucitado tal como lo dicen las Escrituras. Creo, conforme a Romanos 4:25, que fue entregado por mis ofensas, y que fue resucitado para justificarme. Tu Palabra nos dice, en Romanos 10:9, 10:

> ⁹ *que si confesares con tu boca que Jesús es el Señor, y creyeres en tu corazón que Dios le levantó de los muertos, serás salvo.*
>
> ¹⁰*Porque con el corazón se cree para justicia, pero con la boca se confiesa para salvación.*

"Yo creo y acepto a Jesús como mi Salvador y Señor. Amado Señor, te doy gracias por salvarme".

¡¡Ahora que has nacido de nuevo y te has convertido en un hijo de Dios, sigue aprendiendo Su Palabra, y comienza a participar de Sus promesas!!

Capítulo 3

Solo caminamos en las verdades que conocemos y aplicamos

Puedes ser cristiano, e incluso ir al cielo cuando mueras sin que necesariamente conozcas mucho de la Palabra de Dios. Pero a menos que sepas lo que te ha provisto y cómo puedes acceder a ello, no podrás caminar en victoria en la herencia que Dios te dio. No podrás caminar en la salud que proviene de Él, ganar batallas espirituales ni hacer huir al enemigo si no conoces y usas la Palabra de Dios, que es la mayor arma terrenal que Dios ha dado a Sus hijos.

La Palabra de Dios es una verdad eterna. En el Antiguo Pacto (Antiguo Testamento), muchos hijos de Dios no pudieron obtener la victoria por haber ignorado o rechazado Su Palabra; y aún en el presente, esto impide que muchos hijos de Dios caminen en victoria.

Veamos a continuación el contraste que existe entre Oseas 4:6 y Juan 8:31, 32, y consideremos cuál es el resultado en cada caso.

Oseas 4:6 sigue presente en la Biblia, y es válido para este tiempo. Dice:

"Mi pueblo fue destruido, porque le faltó conocimiento. Por cuanto desechaste el conocimiento, yo te echaré del sacerdocio; y porque <u>olvidaste</u> la ley de tu Dios, también yo me olvidaré de tus hijos".

Lo que ocurrió en aquel tiempo no fue que el pueblo de Dios desconociera la verdad, sino que había rechazado u olvidado las verdades que había oído.

Solo caminamos en las verdades que conocemos y aplicamos

Juan 8:31, 32

31 Dijo entonces Jesús a los judíos que habían creído en él: Si vosotros permaneciereis en mi palabra, seréis verdaderamente mis discípulos;

32 y <u>conoceréis</u> la verdad, y la verdad os hará libres.

Oseas 4:6, dice que somos destruidos por falta de conocimiento, mientras que Juan 8:31 y 32, dice que cuando conocemos y aplicamos la verdad de la Palabra de Dios somos hechos libres.

Tal como se usa en Juan 8:32, la definición de la palabra "conocer" es conocer (absoluto) en una gran variedad de aplicaciones, <u>y en la reiteración de hacer algo una y otra vez</u>, estar consciente de, tener conocimiento, percibir, resolver, poder hablar, estar seguro, entender (Concordancia Strong Exhaustiva).

No podemos hacer, creer o aplicar lo que no sabemos. No podemos participar de lo que no conocemos. No podemos caminar en verdades que desconocemos, ni podemos vivirlas. Conocer y aplicar las verdades de la Palabra de Dios es fundamental para que podamos vivir una vida victoriosa en este mundo.

El Nuevo Testamento es nuestro pacto para este tiempo. Necesitamos conocer todo lo que contiene en relación a lo que obtuvo la obra de Jesús en el Calvario, para que podamos aplicar estas verdades y vivirlas en nuestra vida. Su obra fue eterna, realizada para toda persona que llegue a vivir en esta tierra.

Romanos 4:25: *"el cual fue entregado por nuestras transgresiones, y resucitado para nuestra justificación"*.

Juan 3:14-17

14 Y como Moisés levantó la serpiente en el desierto, así es necesario que el Hijo del Hombre sea levantado,

15 para que todo aquel que en él cree, no se pierda, mas tenga vida eterna.

16 Porque de tal manera amó Dios al mundo, que ha dado a su Hijo unigénito, para que todo aquel que en él cree, no se pierda, mas tenga vida eterna.

17 Porque no envió Dios a su Hijo al mundo para condenar al mundo, sino para que el mundo sea salvo por él.

Hebreos 9:12: *"y no por sangre de machos cabríos ni de becerros, sino por su propia sangre, entró una vez para siempre en el Lugar Santísimo, habiendo obtenido eterna redención".*

Debemos venir a Dios poniendo nuestra fe en la obra terminada de Jesús en la cruz. Él fue quien vino a redimirnos, y quien quiere que toda la humanidad sea salva. Él fue quien se dio a Sí mismo en rescate por nosotros (1 Ti. 2:4-6). Este fue el plan eterno de Dios que se estaba cumpliendo para una humanidad caída, y fue la sabiduría de Dios. Cuando Dios nos manda a ir y predicar el Evangelio a toda criatura, se refiere a que debemos contarles las "Buenas Nuevas" de esta redención (Ro. 3:20-24; Ef. 1:7; Col. 1:14; Heb. 9:12).

> **Debemos venir a Dios poniendo nuestra fe en la obra terminada de Jesús en la cruz.**

De acuerdo a Juan 3:16, la obra de Jesucristo es para todo el mundo. Ahí dice, "todo aquel que en él cree", pero creer en Jesús no significa automáticamente que experimentaremos todo lo que Cristo obtuvo para nosotros. Todo lo que Cristo hizo pasó a pertenecerme cuando nací de nuevo, pero yo no lo sabía y no apliqué estas verdades. Sabía que había nacido de nuevo; incluso podía llevarte al lugar donde acepté a Jesucristo como mi Salvador. Sabía que había recibido el bautismo en el Espíritu Santo; también podía llevarte al lugar donde fui llena del Espíritu. Creía que con solo amar al Señor, leer Su Palabra, ir a la iglesia, y querer que se hiciera Su voluntad en mi vida, todo ocurriría automáticamente. No sabía que me había convertido en heredera de todo lo que Cristo hizo, y que Él me había hecho apta para participar, tal como dice en Colosenses 1:12: *"con gozo dando gracias al Padre que nos hizo aptos para participar de la herencia de los santos en luz".*

Simplemente no sabía cómo tomar lo que me pertenece. En ese entonces no sabía que por la Palabra de Dios podía y debía conocer todo aquello de lo que se me había hecho heredera cuando recibí a Cristo como mi Señor, y que debía aplicar estas verdades. En el mismo instante en que nací de nuevo, fui hecha heredera de todas las bendiciones en Cristo (Ef. 1:3; 2 Co. 1:20). Fui puesta en Cristo, y Él vino a morar en mí mediante Su Palabra y Su Espíritu (Jn. 14:20; Col. 1:26, 27).

Solo caminamos en las verdades que conocemos y aplicamos

¡Oh, las riquezas de nuestra herencia en Él! Ningún valor monetario que se les pudiera atribuir sería suficiente. Así como ninguna herencia terrenal nos beneficiaría si desconociéramos su existencia y no la reclamáramos, lo mismo ocurre con respecto a nuestra herencia obtenida mediante la gran obra eterna de Cristo.

Veamos algunos pasajes bíblicos que al conocerlos y aplicarlos traerán muchas victorias a nuestras vidas.

En mis enseñanzas siempre he alentado a cada persona a la que he tenido el placer de instruir a que aprenda y aplique las verdades contenidas en Colosenses 1:9-14:

⁹ Por lo cual también nosotros, desde el día que lo oímos, no cesamos de orar por vosotros, y de pedir que seáis llenos del conocimiento de su voluntad en toda sabiduría e inteligencia espiritual,

¹⁰ para que andéis como es digno del Señor, agradándole en todo, llevando fruto en toda buena obra, y creciendo en el conocimiento de Dios;

¹¹ fortalecidos con todo poder, conforme a la potencia de su gloria, para toda paciencia y longanimidad;

¹² con gozo dando gracias al Padre que nos hizo aptos para participar de la herencia de los santos en luz;

¹³ el cual nos ha librado de la potestad de las tinieblas, y trasladado al reino de su amado Hijo,

¹⁴ en quien tenemos redención por su sangre, el perdón de pecados.

El Espíritu Santo vivificó (dio vida a) estos versículos en mi espíritu, y también lo quiere hacer por ti. Él quiere que conozcamos estas verdades y participemos de ellas. Ahora todas ellas nos pertenecen, para que las apliquemos, caminemos en ellas, y las vivamos diariamente.

Como dije antes en este capítulo, todas estas verdades se hicieron mías en el instante en que nací de nuevo. Había cambiado de reino, y pasado a formar parte del reino de Dios; pero no podía aplicarlas en mi vida porque no las conocía.

Los cristianos de la ciudad de Colosas habían nacido de nuevo; sin embargo, no tenían un conocimiento completo de la voluntad de Dios. No poseían un entendimiento pleno de las cosas espirituales. Pablo escribió Colosenses para toda la Iglesia, de modo que lo que era cierto para ellos también lo es para nosotros hoy.

En los versículos que mencioné previamente en este capítulo, Dios desea que:

1. Seamos llenos del conocimiento de Su voluntad (Col. 1:9).
2. Andemos en estas verdades (Col. 1:10).
3. Seamos fortalecidos con todo poder, conforme a la potencia de Su gloria (Col. 1:11).
4. Sepamos que hemos sido hechos aptos para participar de la herencia de los santos, lo que significa considerar toda Su provisión como nuestra (Col. 1:12).
5. Sepamos que hemos sido librados del poder de las tinieblas, que son el reino, poder y dominio de Satanás; y que hemos sido trasladados al reino de Su amado hijo (Col. 1:13)
6. Sepamos que el precio de nuestra redención fue que Jesús derramó Su sangre por nosotros para el perdón de nuestros pecados (Col. 1:14).

Jesús nos redimió de la maldición de la ley.

Gálatas 3:13, 14

13 Cristo nos redimió de la maldición de la ley, hecho por nosotros maldición (porque está escrito: Maldito todo el que es colgado en un madero,

14 para que en Cristo Jesús la bendición de Abraham alcanzase a los gentiles, a fin de que por la fe recibiésemos la promesa del Espíritu.

Yo no sabía que toda enfermedad, fuera conocida o desconocida, se encuentra bajo la maldición. Tampoco sabía que todo el pecado y la enfermedad habían entrado a la tierra a partir de la caída del hombre, y que aún hoy proliferan en la tierra. No sabía que podía vivir libre de la maldición, y que debía caminar en las bendiciones de Dios. Jesús tomó la maldición por nosotros, comprando así nuestra libertad; y hoy, como resultado de escudriñar las Escrituras y permitirle a la Palabra de Dios mostrarse verdadera, sé que soy heredera de la obra completa de redención y salvación que Cristo consumó. Esto significa que durante toda mi estadía en esta tierra, puedo participar por fe de estas promesas y provisiones; y tú también puedes hacerlo. Mientras vivimos en esta tierra, debemos resistirnos a todo aquello de lo que Cristo nos redimió, y debemos rechazarlo en nuestras vidas (Gl. 3:13, 14; Stg. 4:7; 1 P. 5:8, 9).

Hemos nacido de nuevo; hemos sido redimidos; estamos en el reino del amado Hijo de Dios. Según leemos en Efesios 2:6, hemos sido resucitados juntamente con Él. Ahora todas las bendiciones nos pertenecen (Ef. 1:3). Debemos gobernar y reinar en Cristo Jesús, tal como leemos en Romanos 5:17. Tenemos una rica herencia (Ef. 1:7). Según Colosenses 1:12, hemos sido hechos herederos, y aptos para participar. Hemos sido liberados del reino, poder y dominio de Satanás (Col. 1:13). En este mismo momento podemos actuar Efesios 6:10-18 y ser fuertes; hacer como dice Santiago 4:7 y someternos a Dios y resistir al diablo; o como dice 1 Pedro 5:8, 9, y resistir firmes en la fe.

Cuando participamos y resistimos, y nos aferramos a nuestra confesión de la Palabra de Dios vencemos al diablo y obtenemos la victoria (Heb. 10:23; 1 Jn. 5:4, 5; Ap. 12:11). Participar de las promesas y provisiones de Dios significa <u>tomarlos como tuyos</u>.

Cada vez me doy más y más cuenta de que si nos conformamos con menos que nuestra herencia completa, nuestro enemigo se asegurará de mantenernos alejados de ella. En la Palabra puedo ver que Dios ha dicho "sí" a todas Sus promesas en Cristo Jesús (2 Co. 1:20), y si no las reclamamos, <u>dudaremos y nos quedaremos sin ellas</u>. Siempre debemos recordar la verdad de Colosenses 2:15: el diablo es un enemigo derrotado; Jesús lo despojó y triunfó sobre él por nosotros.

Podemos vivir en victoria, y el siguiente pasaje nos enseña cómo hacerlo.

Efesios 6:10-18

> *¹⁰ Por lo demás, hermanos míos, fortaleceos en el Señor, y en el poder de su fuerza*
>
> *¹¹ Vestíos de toda la armadura de Dios, para que podáis estar firmes contra las asechanzas del diablo.*
>
> *¹² Porque no tenemos lucha contra sangre y carne, sino contra princi-*

pados, contra potestades, contra los gobernadores de las tinieblas de este siglo, contra huestes espirituales de maldad en las regiones celestes.

¹³ Por tanto, tomad toda la armadura de Dios, para que podáis resistir en el día malo, y habiendo acabado todo, estar firmes.

¹⁴ Estad, pues, firmes, ceñidos vuestros lomos con la verdad, y vestidos con la coraza de justicia,

¹⁵ calzados los pies con el apresto del evangelio de la paz.

¹⁶ Sobre todo, tomad el escudo de la fe, con que podáis apagar todos los dardos de fuego del maligno.

¹⁷ Y tomad el yelmo de la salvación, y la espada del Espíritu, que es la palabra de Dios;

¹⁸ orando en todo tiempo con toda oración y súplica en el Espíritu, y velando en ello con toda perseverancia y súplica por todos los santos.

En Efesios 1:17-23, Pablo ora para que los santos (el cuerpo de Cristo, todo aquel que ha nacido de nuevo) recibamos revelación en el conocimiento, y conozcamos las siguientes verdades:

1. Conozcamos la esperanza de nuestro llamado.
2. Conozcamos las riquezas de Su herencia en los santos.
3. Conozcamos la supereminente grandeza de Su poder.
4. Sepamos que las batallas espirituales contra los principados, poderes y espíritus malignos que hoy libramos, y que intentan impedirnos obtener las victorias que la sangre de Jesús compró para nosotros, son las mismas que Él ya enfrentó y derrotó por nosotros.

Si has nacido de nuevo, ahora estás en Cristo y has sido bendecido con toda bendición espiritual en Él. Es por esto que nuestro Padre celestial quiere que tengas revelación en el conocimiento de estas poderosas verdades, pues una vez que las conozcas y apliques, estarás preparado para luchar toda batalla espiritual, y vencer.

Capítulo 4

La fe en la obra terminada de Jesús

A través de la Palabra de Dios, puedo ver que si la humanidad se salva, se sana, es liberada, y camina en victoria, no depende tanto de Dios, sino de nosotros y de nuestra respuesta a Su Palabra y a la obra consumada de Jesucristo.

Dios nos dice en ella que quiere que todos los hombres sean salvos y lleguen al conocimiento de la verdad.

1 Timoteo 2:4-6

⁴ el cual quiere que todos los hombres sean salvos y vengan al conocimiento de la verdad.

⁵ Porque hay un solo Dios, y un solo mediador entre Dios y los hombres, Jesucristo hombre,

⁶ el cual se dio a sí mismo en rescate por todos, de lo cual se dio testimonio a su debido tiempo.

La Biblia también nos muestra que Dios ya dijo "sí" a todas Sus promesas (2 Co. 1:20). Él nos ha dicho que una vez que nacemos de nuevo somos herederos de todo lo que Cristo hizo en Su obra de redención. También nos ha dicho que necesitamos tener conocimiento (revelación) de estas cosas. La Biblia dice que Dios nos ha dado preciosas y grandísimas promesas.

Cómo vivir y no morir

2 Pedro 1:1-4

> *¹ Simón Pedro, siervo y apóstol de Jesucristo, a los que habéis alcanzado, por la justicia de nuestro Dios y Salvador Jesucristo, una fe igualmente preciosa que la nuestra:*
>
> *² Gracia y paz os sean multiplicadas, en el <u>conocimiento de Dios</u> y de nuestro Señor Jesús.*
>
> *³ Como todas las cosas que pertenecen a la vida y a la piedad nos han sido dadas por su divino poder, mediante el <u>conocimiento de aquel</u> que nos llamó por su gloria y excelencia,*
>
> *⁴ por medio de las cuales nos ha dado preciosas y grandísimas promesas, para que por ellas llegaseis a ser participantes de la naturaleza divina, habiendo huido de la corrupción que hay en el mundo a causa de la concupiscencia.*

En este pasaje, la palabra griega usada para "conocimiento" es *epignosis*. Se define como conocimiento claro y preciso, y expresa una participación plena en el objeto de conocimiento, y por parte del sujeto (persona) (Concordancia Strong Exhaustiva).

No tener conocimiento de Dios o de la obra de Cristo nos pone en desventaja.

En 2 Pedro 1:1, el apóstol Pedro nos dice que hemos obtenido *"una fe igualmente preciosa"*, tal como la que obtuvieron él y los primeros santos. Luego, en el versículo 2, Pedro dice que la gracia y la paz nos sean multiplicadas. ¿Cómo? Mediante el conocimiento de Dios, y de Jesús, nuestro Señor. Aquí no solo vemos la necesidad de tener conocimiento de Dios, sino también, de lo que hizo Cristo en Su obra consumada.

En 2 Pedro 1:3, 4, Pedro nos dice que todas las promesas de Dios ya nos pertenecen. Mientras estudiaba este pasaje, pude ver también que para escapar de la corrupción que existe en el mundo debo participar de estas promesas; es decir, debo tomarlas como propias.

No tener conocimiento de Dios o de la obra de Cristo nos pone en desventaja, pues cuando no sabemos que algo se nos ofrece, no podemos participar de ello. La Palabra de Dios no funcionará en nuestras vidas por el simple hecho de leer la Biblia y tener un conocimiento intelectual de lo que ella dice. Pero sí funcionará si creemos a la Palabra y la obedecemos. Entonces, podemos concluir que no es el mero conocimiento **adquirido** lo que producirá resultados en nuestras vidas, sino el conocimiento **aplicado**.

Después del Calvario, es el Espíritu Santo quien lleva a cabo en nuestras vidas la Palabra de Dios que creemos y sobre la cual actuamos. A los ojos de Dios Padre, la deuda por todos se pagó en forma completa en el Calvario. Se produjo (compró) la libertad que ahora se ofrece a todos. Fue ahí donde se compró salvación, sanidad y liberación para nosotros.

Dios ya hizo algo con respecto a cada una de nuestras necesidades. Cree, recibe y acepta lo que Jesucristo compró para ti, y participa de ello. De acuerdo a la Biblia, ahora todo es "sí".

2 Corintios 1:19, 20

¹⁹ Porque el Hijo de Dios, Jesucristo, que entre vosotros ha sido predicado por nosotros, por mí, Silvano y Timoteo, no ha sido Sí y No; mas ha sido Sí en él;

²⁰ <u>porque todas las promesas de Dios son en él Sí</u>, y en él Amén, por medio de nosotros, para la gloria de Dios.

Dios ya habló la Palabra (Jn. 3:17), y Cristo terminó la obra (Jn. 4:34). Entonces, ¿cuál va a ser tu reacción?, ¿cuál va a ser tu respuesta?, ¿lo vas a creer?, ¿lo vas a recibir hoy como tuyo? Dios ya habló con respecto a tu necesidad, y Él nunca va a quebrantar (cambiar) lo que ha dicho (Mal. 3:6).

2 Corintios 6:1, 2

¹ Así, pues, nosotros, como colaboradores suyos, os exhortamos también a que no recibáis en vano la gracia de Dios.

² Porque dice: En tiempo aceptable te he oído, Y en día de salvación te he socorrido [ayudado]. He aquí ahora el tiempo aceptable; he aquí ahora el día de salvación.

El versículo 1 dice, *"no recibáis en vano la gracia de Dios"*. ¿Cómo podríamos recibir la gracia de Dios en vano? Al no aprovechar lo que la gracia y la misericordia nos ofrecen hoy. La gracia nos ofrece (de hecho, se lo ofrece al mundo) todo lo que Jesucristo ya proveyó en Su obra de sustitución por los pecados del hombre, y para restaurarnos con Dios.

Mientras la gracia lo ofrece, la fe lo recibe. Somos salvos por gracia por medio de la fe. Como dice Efesios 2:8, 9, es un don de Dios, no por nuestras obras, sino por la obra de Cristo.

Jesús compró nuestra libertad en el Calvario. Simplemente debemos creer y actuar en base a lo que Dios dice que ha hecho por nosotros. En cuanto a la sanidad, si esperas ver su manifestación antes de creer que estás sanado, no lo estás entendiendo. Debemos creer, pues en Isaías 53:5, la Palabra de Dios dice que ya fuimos sanados: *"Mas él herido fue por nuestras rebeliones, molido por nuestros pecados; el castigo de nuestra paz fue sobre él, y por su llaga fuimos nosotros curados"*. En 1 Pedro 2:24, la Palabra de Dios dice que Jesús **ya nos sanó**: *"quien llevó él mismo nuestros pecados en su cuerpo sobre el madero, para que nosotros, estando muertos a los pecados, vivamos a la justicia; y por cuya herida fuisteis sanados"*. Esta es nuestra certeza y evidencia mientras aún no se vea (Heb. 11:1).

La obra fue realizada. La sangre de Jesús se encuentra ahora en el Lugar Santo como testimonio de Su obra terminada. Cuando crees en la obra terminada de Jesús, y tienes fe en la Palabra de Dios, le das al Espíritu Santo de Dios algo para llevar a cabo y manifestar en ti.

Hoy no se trata de que Jesús nos sane, sino de nuestra respuesta a la obra que Cristo realizó en el Calvario, pues fue ahí donde nos sanó. Si respondemos en fe y creemos al anuncio de Dios, el Espíritu Santo comenzará y hará en nosotros Su obra mediante la cual traerá sanidad a nuestros cuerpos.

Ahora depende de nosotros participar de Sus promesas; permanecer edificados espiritualmente mediante el estudio y la meditación de la Palabra de Dios; aplicar y hacer Su Palabra; guardar nuestra lengua; andar en amor; confesar la Palabra de Dios; apartar la perversidad y la iniquidad de la boca (una boca contraria a la Palabra); y permanecer fuertes en el Señor y en el poder de Su fuerza. Ni Dios mismo puede hacer todo esto por nosotros. Nos instruye en Su Palabra que debemos hacerlo nosotros mismos, y Él nos ayudará a lograrlo.

Dios dio a Su hijo, Jesús, quien fue entregado por todos nosotros. En Su gran obra de salvación (la sanidad, la liberación del reino de Satanás, y el perdón de pecados) obtuvo la vida eterna que ahora se ofrece a todo aquel que deposite su fe en esta gran obra. La obra terminada de Jesucristo en el Calvario suplió todas nuestras necesidades (las del espíritu, del alma y del cuerpo).

Capítulo 5
Cuatro pasos fundamentales para la victoria

Cuando quedé casi inválida, necesitando ayuda a tiempo completo, comencé un estudio personal de la Palabra de Dios sobre el tema de la sanidad; y en ese estudio encontré el camino hacia la victoria. Uno de los relatos bíblicos que más me ayudó fue el de la mujer con flujo de sangre, quien por más de 12 años había gastado todo lo que tenía intentando sanarse, pero solo empeoraba.

Demos un vistazo a los pasos que dio hacia su victoria.

Marcos 5:25-27

> *25 Pero una mujer que desde hacía doce años padecía de flujo de sangre,*
>
> *26 y había sufrido mucho de muchos médicos, y gastado todo lo que tenía, y nada había aprovechado, antes le iba peor,*
>
> *27 cuando oyó hablar de Jesús, vino por detrás entre la multitud, y tocó su manto.*

En este pasaje, vemos que no importa cuánto tiempo alguien haya estado enfermo, o lo imposible que parezca la situación, Jesús aún quiere que recibas tu sanidad y camines en salud.

El versículo 25 dice que esta mujer había estado enferma durante 12 largos años. El versículo 26 dice que había sufrido mucho, y que había gastado todo lo que tenía, pero solo había empeorado. El versículo 27 dice que oyó hablar de Jesús, y actuó: *"cuando oyó hablar de Jesús,* [ella] *vino por detrás entre la multitud, y tocó su manto".*

Quizás, quien le había contado a la mujer que Jesús sanaba a la gente estaba ese día entre la multitud (Mc. 3:10). También vemos que la mujer creyó lo que había oído sobre Jesús, el Sanador, y le vino fe, tal como leemos en Romanos 10:17: *"Así que la fe es por el oír, y el oír, por la palabra de Dios".*

En Marcos 5:28, la mujer comenzó a decir lo que creía: *"Porque decía: Si tocare tan solamente su manto, seré salva".* En la versión Amplificada, dice: *"Porque ella seguía diciendo, Si tan solo tocare Sus vestiduras, recuperaré la salud".*

En los siguientes versículos se registra el resultado de su fe, en Marcos 5:29-34:

> *29 Y en seguida la fuente de su sangre se secó; y sintió en el cuerpo que estaba sana de aquel azote.*
>
> *30 Luego Jesús, conociendo en sí mismo el poder que había salido de él, volviéndose a la multitud, dijo: ¿Quién ha tocado mis vestidos?*
>
> *31 Sus discípulos le dijeron: Ves que la multitud te aprieta, y dices: ¿Quién me ha tocado?*
>
> *32 Pero él miraba alrededor para ver quién había hecho esto.*
>
> *33 Entonces la mujer, temiendo y temblando, sabiendo lo que en ella había sido hecho, vino y se postró delante de él, y le dijo toda la verdad.*
>
> *34 Y él le dijo: Hija, tu fe te ha hecho salva; ve en paz, y queda sana de tu azote.*

Al tiempo que muchos otros también se amontonaban alrededor de Jesús, tal como dice Marcos 5:24: *"y le seguía una gran multitud, y le apretaban",* esta pequeña mujer fue la única que recibió lo que necesitaba, pues actuó en fe. Se apropió de la sanidad, y tú también podrás hacerlo desde el mismo instante en que creas y actúes en base a tu fe.

Demos un vistazo a los cuatro pasos fundamentales que ella dio, y que trajeron su sanidad.

Paso 1: Deseo

Su deseo de estar bien era evidente, pues había gastado todo lo que tenía intentando mejorarse.

Paso 2: Decisión

Ella oyó que Jesús sanaba a las personas. Siempre debemos tomar la decisión de creer que Jesús es el Sanador y que sigue sanando hoy, y actuar en base a lo que creemos. Su decisión la llevó a abrirse camino entre la multitud para llegar hasta Jesús y tocarlo. Ahora bien, quizás estés pensando, *No tengo cómo tocarlo*. La Biblia dice que nosotros también podemos tocar a Jesús con nuestra fe.

Hebreos 4:14-16

> *14 Por tanto, teniendo un gran sumo sacerdote que traspasó los cielos, Jesús el Hijo de Dios, retengamos nuestra profesión.*
>
> *15 Porque no tenemos un sumo sacerdote que no pueda compadecerse de nuestras debilidades, sino uno que fue tentado en todo según nuestra semejanza, pero sin pecado.*
>
> *16 Acerquémonos, pues, confiadamente al trono de la gracia, para alcanzar misericordia y hallar gracia para el oportuno socorro.*

Ahora Jesús está sentado a la diestra del Padre, habiendo obtenido la sanidad para nosotros. Todo lo que tenemos que hacer hoy para tocarlo es creer en la obra que Él llevó a cabo, y reclamarla como propia.

Paso 3: Determinación

Si queremos tener victoria en obtener lo que Jesucristo ha provisto para nosotros, es imprescindible que nos <u>mantengamos firmes y sin rendirnos</u>. Debemos persistir sin aceptar el fracaso y sin desmayar, aferrados a nuestra fe. Si no estás dispuesto a persistir contra la oposición del enemigo o de quienes te rodean, sin importar lo que crean, digan o hagan, no llegarás al Paso 4.

Paso 4: Liberación

La manifestación de la sanidad.

Después de oír la Palabra, la verdad (Ro. 10:17), ella creyó lo que había oído.

Vemos la confesión de su fe, acompañada de la acción de su fe al ir a Jesús. Vemos que ella tuvo un punto de contacto. Hubo un momento preciso en que liberó su fe. Fue este el instante en que tomó (recibió) la provisión como suya.

¿Qué hizo la mujer?

- Lo dijo
- Actuó en base a ello
- Lo recibió
- Y lo último fue que ella lo sintió

Si antes de "creer" que recibes estás esperando sentir algo, o ver que algo cambia, no tienes la fe bíblica; esta no es la fe que recibe.

La fe bíblica:

Hebreos 11:1: *"Es, pues, la fe la certeza de lo que se espera, la convicción de lo que no se ve"*.

2 Corintios 5:7: *"(porque por fe andamos, no por vista)"*.

Santiago 2:17, 26

17 Así también la fe, si no tiene obras, es muerta en sí misma.

26 Porque como el cuerpo sin espíritu está muerto, así también la fe sin obras está muerta.

Es así como recibimos todo lo que Jesucristo ha provisto para nosotros, y todo lo que desea hacer en nosotros. Es nuestra legítima herencia. Tú puedes dar estos mismos pasos hacia tu victoria, porque Hebreos 13:8, nos dice: *"Jesucristo es el mismo ayer, y hoy, y por los siglos"*. No importa cuánto haya durado la enfermedad; el Sanador, Jesucristo, sigue sanando hoy.

Jesús todavía sigue cumpliendo Su Palabra en todo aquel que cree; y si no te rindes, ¡también lo hará en ti!

Capítulo 6

El objetivo Nº 1 del enemigo es robar la Palabra de Dios

Satanás va tras una sola cosa: la Palabra de Dios, porque ella contiene su derrota y tu victoria. Cuando uno oye la Palabra de Dios, Satanás viene de inmediato a robar esa semilla sembrada en ti. Para poder caminar en la libertad que Dios ha provisto, debemos conocer, confesar y aplicar Su Palabra; debemos convertirnos en hacedores de ella. Si no estás establecido en la Palabra de Dios que has oído, si no estás participando de ella, creyéndola y poniéndola por obra, el enemigo te la ha robado. Jesús nos dice, en Juan 8:31, 32: *"… Si vosotros permaneciereis en mi palabra, seréis verdaderamente mis discípulos; y <u>conoceréis</u> la verdad, y la verdad os hará libres"*.

Tienes que aprender a vestirte *"de toda la armadura de Dios, para que podáis estar firmes contra las asechanzas del diablo"* (Ef. 6:11). No puedes ignorar las maquinaciones del enemigo (2 Co. 2:11).

Si puede robarte la Palabra, puede hacerte ineficaz contra él, y volverte infructuoso en el reino de Dios, porque…

Si puede robarte la Palabra, habrá robado tu arma.

Efesios 6:17, nos ordena a que tomemos *"el yelmo de la salvación, y la espada del Espíritu, que es la palabra de Dios"*.

Si puede robarte la Palabra, habrá robado tu luz.

Salmos 119:105: *"Lámpara es a mis pies tu palabra, Y lumbrera a mi camino".*

Salmos 119:130: *"La exposición de tus palabras alumbra; Hace entender a los simples".*

Juan 12:46, declara: *"Yo [Jesús], la luz, he venido al mundo, para que todo aquel que cree en mí no permanezca en tinieblas".*

La Palabra de Dios nos da luz.

Si puede robarte la Palabra, habrá robado las instrucciones que Dios te ha dado, y aquello que te prepara enteramente.

2 Timoteo 3:16, 17

> *16 Toda la Escritura es inspirada por Dios, y útil para enseñar, para redargüir, para corregir, para instruir en justicia,*
>
> *17 a fin de que el hombre de Dios sea perfecto, enteramente preparado para toda buena obra.*

Si puede robarte la Palabra, habrá robado tu liberación.

Salmos 107:20: *"Envió su palabra, y los sanó, Y los libró de su ruina".*

Si puede robarte la Palabra, habrá robado tu sanidad.

Proverbios 4:22: *"Porque [mis palabras] son vida a los que las hallan, Y medicina a todo su cuerpo".*

Si puede robarte la Palabra, habrá robado tus promesas, a las cuales Dios ya ha dicho "sí" y "amén".

2 Corintios 1:20: *"porque todas las promesas de Dios son en él Sí, y en él Amén, por medio de nosotros, para la gloria de Dios".*

2 Pedro 1:4:

> *por medio de las cuales nos ha dado preciosas y grandísimas promesas, para que por ellas llegaseis a ser participantes de la naturaleza divina, habiendo huido de la corrupción que hay en el mundo a causa de la concupiscencia.*

Si puede robarte la Palabra, habrá robado tu herencia.

Colosenses 1:12: *"con gozo dando gracias al Padre que nos hizo aptos para participar de la herencia de los santos en luz".*

La Biblia confirma esta herencia.

Hechos 26:18:

> *para que abras sus ojos, para que se conviertan de las tinieblas a la luz, y de la potestad de Satanás a Dios; para que reciban, por la fe que es en mí, perdón de pecados y herencia entre los santificados.*

Si puede robarte la Palabra, te habrá robado la verdad.

Juan 17:17: *"Santifícalos en tu verdad; tu palabra es verdad".*

Juan 8:32: *"y conoceréis la verdad, y la verdad os hará libres".*

Juan 14:6: *"Jesús le dijo: Yo soy el camino, y la verdad, y la vida; nadie viene al Padre, sino por mí".*

Si puede robarte la Palabra, habrá robado tu fe.

Romanos 10:17: *"Así que la fe es por el oír, y el oír, por la palabra de Dios".*

Si puede robarte la Palabra, habrá robado tu semilla que hubiera producido la cosecha que necesitas.

Marcos 4:14-20

> *¹⁴ El sembrador es el que siembra la palabra.*
>
> *¹⁵ Y éstos son los de junto al camino: en quienes se siembra la palabra, pero después que la oyen, en seguida viene Satanás, y quita la palabra que se sembró en sus corazones.*
>
> *¹⁶ Estos son asimismo los que fueron sembrados en pedregales: los que cuando han oído la palabra, al momento la reciben con gozo;*
>
> *¹⁷ pero no tienen raíz en sí, sino que son de corta duración, porque cuando viene la tribulación o la persecución por causa de la palabra, luego tropiezan.*

¹⁸ Estos son los que fueron sembrados entre espinos: los que oyen la palabra,

¹⁹ pero los afanes de este siglo, y el engaño de las riquezas, y las codicias de otras cosas, entran y ahogan la palabra, y se hace infructuosa.

²⁰ Y éstos son los que fueron sembrados en buena tierra: los que oyen la palabra y la reciben, y dan fruto a treinta, a sesenta, y a ciento por uno".

1 Pedro 1:23: *"siendo renacidos, no de simiente corruptible, sino de incorruptible, por la palabra de Dios que vive y permanece para siempre.*

Hechos 19:20: *"Así crecía y prevalecía poderosamente la palabra del Señor".*

Si puede robarte la Palabra, te habrá robado el espejo en el que debes mirarte para verte tal como Dios te ve.

Santiago 1:23: *"Porque si alguno es oidor de la palabra pero no hacedor de ella, éste es semejante al hombre que considera en un espejo su rostro natural".*

2 Corintios 3:18: *"Por tanto, nosotros todos, mirando a cara descubierta como en un espejo la gloria del Señor, somos transformados de gloria en gloria en la misma imagen, como por el Espíritu del Señor".*

Si puede robarte la Palabra, habrá robado aquello que debes aplicar para limpiarte.

Efesios 5:26: *"para santificarla, habiéndola purificado en el lavamiento del agua por la palabra".*

Juan 15:3: *"Ya vosotros estáis limpios por la palabra que os he hablado".*

Si puede robarte la Palabra, habrá robado aquello que te hubiera edificado y te hubiera dado tu herencia.

Hechos 20:32: *"Y ahora, hermanos, os encomiendo a Dios, y a la palabra de su gracia, que tiene poder para sobreedificaros y daros herencia con todos los santificados".*

Si puede robarte la Palabra, habrá robado aquello a través de lo cual debes juzgarte a ti mismo.

Juan 12:48: *"El que me rechaza, y no recibe mis palabras, tiene quien le juzgue;*

la palabra que he hablado, ella le juzgará en el día postrero".

Si puede robarte la Palabra, habrá robado aquello que te da vida.

Mateo 4:4, dice: *"El respondió y dijo: Escrito está: No sólo de pan vivirá el hombre, sino de toda palabra que sale de la boca de Dios".*

Proverbios 3:1, 2, nos ordena:

> ¹ *"Hijo mío, no te olvides de mi ley; Y tu corazón guarde mis mandamientos;*
>
> ² *Porque largura de días y años de vida Y paz te aumentarán".*

Proverbios 4:22, dice: *"Porque son vida a los que las hallan, y medicina a todo su cuerpo".*

Proverbios 13:14, declara: *"La ley del sabio es manantial de vida Para apartarse de los lazos de la muerte".*

Juan 6:63, proclama: *"El espíritu es el que da vida; la carne para nada aprovecha; las palabras que yo os he hablado son espíritu y son vida".*

La Palabra de Dios es luz y es dadora de vida. Permite que la Palabra de Dios viva en ti pues es tu luz. Es la Palabra de Dios que vive en ti lo que te hace ser luz para los demás.

Si el enemigo puede robarte la Palabra, habrá robado tu mensaje de "Buenas Nuevas" que debes contar a los demás, y acerca de las cuales debes enseñar y predicar.

Mateo 28:19, 20:

> ¹⁹ *Por tanto, id, y haced discípulos a todas las naciones…*
>
> ²⁰ *enseñándoles que guarden todas las cosas que os he mandado….*

2 Timoteo 4:1-4

> ¹ *Te encarezco delante de Dios y del Señor Jesucristo, que juzgará a los vivos y a los muertos en su manifestación y en su reino,*
>
> ² *que prediques la palabra; que instes a tiempo y fuera de tiempo; redarguye, reprende, exhorta con toda paciencia y doctrina.*

El objetivo Nº 1 del enemigo es robar la Palabra de Dios

³ Porque vendrá tiempo cuando no sufrirán la sana doctrina, sino que teniendo comezón de oír, se amontonarán maestros conforme a sus propias concupiscencias,

⁴ y apartarán de la verdad el oído y se volverán a las fábulas.

Proverbios 14:25, nos dice: *"El testigo verdadero libra las almas; Mas el engañoso hablará mentiras".*

Al mirarte en la Palabra de Dios, te verás fuerte y no débil, sano y no enfermo, porque verás que Jesucristo tomó tus enfermedades en Su propio cuerpo en el madero, y obtuvo la sanidad para ti (Gl. 3:13, 1 P. 2:24).

Debemos acercarnos a Dios en base a la obra terminada de Jesucristo, quien vino a redimirnos y a darse en rescate por nosotros. Nuestra fe no se basa en lo que vemos en el ámbito natural, es decir, en cómo nos sentimos, ni siquiera en el razonamiento humano; nuestra fe se basa en lo que vemos en la Palabra de Dios. Para que podamos vivir una vida victoriosa debemos aprender a meditar constantemente en quiénes somos en el reino de Dios, gracias a la obra terminada de Jesucristo.

En Mateo 24:35, Jesús dice: *"El cielo y la tierra pasarán, pero mis palabras no pasarán".*

Dado que todo lo que ves a tu alrededor pasará, ¿por qué no edificas tu vida sobre lo que es seguro? Su Palabra es "más segura" que el suelo sobre el que caminas. Comienza a estudiar la Palabra de Dios para que descubras todo lo que Él ha hecho por ti, y luego aprópiate de Sus promesas y de Su provisión.

Capítulo 7

Nunca culpes a Dios

Algunos cristianos mueren y se van al cielo antes de tiempo porque no saben cómo recibir su sanidad. He oído a algunos decir, *Simplemente no creo que Dios sane a todos*. Pero yo quisiera saber sobre qué versículos basan esta declaración, pues la Palabra de Dios dice claramente que cuando Jesús fue a la cruz tomó nuestros pecados y nuestras enfermedades (Is. 53:5, 1 P. 2:24), y que esta obra fue hecha para todo el mundo (Jn. 3:17).

¿Alguna vez conociste a alguien que no hubiera recibido su sanidad? ¿Y pensabas que si alguien iba a ser sanado, seguramente hubiera sido esta querida persona? Quizás hayas deseado la sanidad de un miembro de tu familia o de un amigo querido, y aunque oraste fervientemente por esa persona, no recibió su sanidad; entonces pensaste que no era la voluntad de Dios sanarla.

Todos hemos hecho esto; yo misma pensaba así. Si no recibimos todo lo que Dios ha provisto para nosotros no es culpa Suya. Pero en esos casos, culparlo y decir que no era Su voluntad es más fácil que admitir que fuimos nosotros los que fallamos. Es posible que esa persona que amaba a Dios no supiera cómo acceder a todo lo que Jesucristo proveyó.

En el Huerto del Edén, Adán culpó a Dios y a Eva, y Eva culpó a la serpiente. Hoy en día todavía hay muchos que culpan a Dios por lo que hace el diablo. Prefieren culpar a Dios que admitir que quizás esa persona no supiera todo lo que necesitaba saber.

En Oseas 4:6, Dios dice: *"Mi pueblo fue destruido, porque le faltó conocimiento…"*.

En Oseas 11:3 (NBLH), Dios dice acerca de Sus hijos: *"…ellos no comprendieron que Yo los sanaba"*. Hoy en día, la falta de conocimiento sigue impidiendo que las personas reciban las bendiciones de Dios. Rechazar la verdad de Dios y olvidar las verdades que una vez conocimos y en las que anduvimos ciertamente también nos lo impedirá.

Colosenses 1:9-14

> *⁹ Por lo cual también nosotros, desde el día que lo oímos, no cesamos de orar por vosotros, y de pedir <u>que seáis llenos del conocimiento de su voluntad</u> en toda sabiduría e inteligencia espiritual,*
>
> *¹⁰ para que andéis como es digno del Señor, agradándole en todo, llevando fruto en toda buena obra, y creciendo en el conocimiento de Dios;*
>
> *¹¹ <u>fortalecidos con todo poder,</u> conforme a la potencia de su gloria, para toda paciencia y longanimidad;*
>
> *¹² con gozo dando gracias al Padre que nos hizo aptos para participar de la herencia de los santos en luz;*
>
> *¹³ el cual nos ha librado de la potestad de las tinieblas, y trasladado al reino de su amado Hijo,*
>
> *¹⁴ en quien tenemos redención por su sangre, el perdón de pecados.*

Efesios 1:3, 11, 18-23

> *³ Bendito sea el Dios y Padre de nuestro Señor Jesucristo, que nos bendijo con toda bendición espiritual en los lugares celestiales en Cristo,*
>
> *¹¹ En él asimismo tuvimos herencia, habiendo sido predestinados conforme al propósito del que hace todas las cosas según el designio de su voluntad,*
>
> *¹⁸ <u>alumbrando los ojos de vuestro entendimiento,</u> para que sepáis cuál es la esperanza a que él os ha llamado, y cuáles las riquezas de la gloria de su herencia en los santos,*
>
> *¹⁹ y cuál la supereminente grandeza de su poder para con nosotros los que*

creemos, según la operación del poder de su fuerza,

²⁰ *la cual operó en Cristo, resucitándole de los muertos y sentándole a su diestra en los lugares celestiales,*

²¹ *sobre todo principado y autoridad y poder y señorío, y sobre todo nombre que se nombra, no sólo en este siglo, sino también en el venidero;*

²² *y sometió todas las cosas bajo sus pies, y lo dio por cabeza sobre todas las cosas a la iglesia,*

²³ *la cual es su cuerpo, la plenitud de Aquel que todo lo llena en todo.*

Dios quiere que conozcamos nuestra herencia. Yo tenía que aprender estas y muchas otras verdades a través del estudio de la Palabra de Dios. Tuve que aprender que Jesús había obtenido la sanidad para mí, que la sanidad es parte de la salvación, y que pertenece a todos los hijos de Dios. Tuve que aprender que podía recibir a Jesús como mi Sanador, tal como lo había recibido como mi Salvador: es tan simple como decir: *Dios, Tú eres mi Salvador, y ahora mismo, por fe, te recibo como mi Sanador.*

También tuve que aprender que no podía esperar a sentir o ver algo. Tenía que recibir y tomar mi sanidad por fe. Quienes esperen ver o sentir algo en el ámbito natural o en su cuerpo antes de creer que han recibido, tendrán que aprender la verdad de la Palabra de Dios, estudiándola tal como yo lo hice.

Permite que la Palabra de Dios sea la autoridad final en tu vida. Debemos aprender qué incluye la salvación y caminar en ello, y debemos aprender que la enfermedad y las dolencias son obra del enemigo, Satanás, y no de Dios. En el Calvario, cuando Jesús tomó <u>todos</u> nuestros pecados y <u>todas</u> nuestras enfermedades y dolencias, Dios demostró que Su voluntad era salvarnos y sanarnos. Lo que creamos siempre debe basarse en la Palabra santa, eterna e inmutable de Dios, sin importar lo que los demás crean o digan.

No necesitamos convencer a Dios para que haga lo que ya hizo y desea hacer en nosotros. Solo debemos venir a Jesús para recibir todo lo que Él hizo en el Calvario, sea el nuevo nacimiento, la sanidad, la paz, o cualquier otro componente de la salvación. La enfermedad es una maldición, pero Cristo nos redimió de la maldición cuando tomó nuestras enfermedades y dolencias en el Calvario.

Gálatas 3:13, 14, dice:

> *13 Cristo nos redimió de la maldición de la ley, hecho por nosotros maldición (porque está escrito: Maldito todo el que es colgado en un madero:*

> *14 para que en Cristo Jesús la bendición de Abraham alcanzase a los gentiles, a fin de que por la fe recibiésemos la promesa del Espíritu.*

Al nacer de nuevo, nos convertimos en herederos de la bendición de sanidad que Jesús compró para nosotros.

Para poder recibir y experimentar nuestra sanidad, necesitamos saber que el enemigo vendrá y que no podemos ignorar sus maquinaciones. 2 Corintios 2:11, dice: *"para que Satanás no gane ventaja alguna sobre nosotros; pues no ignoramos sus maquinaciones"*. Jesús mismo establece cuál es la obra del diablo, declarando en Juan 10:10 : *"El ladrón no viene sino para hurtar y matar y destruir..."*, así pues, si en tu vida estás sufriendo robo, muerte y destrucción, sabemos que su autor es el enemigo.

Quizás hay personas que no se sanan, pero es por no haber hecho todo lo que la Palabra de Dios nos enseña sobre resistir al enemigo. En Efesios 4:27, el apóstol Pablo nos ordena: *"ni deis lugar al diablo"*.

En 1 Pedro 5:8, 9, Pedro nos dice:

> *8 Sed sobrios, y velad; porque vuestro adversario el diablo, como león rugiente, anda alrededor buscando a quien devorar;*

> *9 al cual <u>resistid</u> firmes en la fe, sabiendo que los mismos padecimientos se van cumpliendo en vuestros hermanos en todo el mundo.*

En la primera parte de Santiago 4:7, él nos dice: *"Someteos, pues, a Dios..."*, lo cual significa someterse a la Palabra de Dios, reconociendo que es la verdad. La segunda parte de este versículo, dice: *"...<u>resistid</u> al diablo, y huirá de vosotros"*. Cuando estamos bajo ataque, o bien podemos sentarnos y aceptarlo, o levantarnos y resistir. Cuando resistimos al diablo debemos actuar contra sus obras y contra todo lo que esté intentando hacer. Quizás haya personas que no sanaron porque no supieron cómo resistir al diablo y sus obras.

Resistir significa enfrentarse, oponerse, rechazar y evitar (Concordancia Strong Exhaustiva).

La Palabra de Dios nos dice cómo enfrentar y resistir todo ataque del enemigo.

Efesios 6:10-18

> *¹⁰ Por lo demás, hermanos míos, fortaleceos en el Señor, y en el poder de su fuerza.*
>
> *¹¹ Vestíos de toda la armadura de Dios, para que podáis estar firmes contra las asechanzas del diablo.*
>
> *¹² Porque no tenemos lucha contra sangre y carne, sino contra principados, contra potestades, contra los gobernadores de las tinieblas de este siglo, contra huestes espirituales de maldad en las regiones celestes.*
>
> *¹³ Por tanto, tomad toda la armadura de Dios, para que podáis resistir en el día malo, y habiendo acabado todo, estar firmes.*
>
> *¹⁴ Estad, pues, firmes, ceñidos vuestros lomos con la verdad, y vestidos con la coraza de justicia,*
>
> *¹⁵ y calzados los pies con el apresto del evangelio de la paz.*
>
> *¹⁶ Sobre todo, tomad el escudo de la fe, con que podáis apagar todos los dardos de fuego del maligno.*
>
> *¹⁷ Y tomad el yelmo de la salvación, y la espada del Espíritu, que es la palabra de Dios;*
>
> *¹⁸ orando en todo tiempo con toda oración y súplica en el Espíritu, y velando en ello con toda perseverancia y súplica por todos los santos.*

En estos versículos puedes ver que Dios no nos ha dejado como una presa fácil para el enemigo, pues nos ha dado armas que si las usamos derrotarán y vencerán todo ataque que Satanás emprenda contra nosotros. Quizás estas personas no supieron cómo recibir de Dios ni cómo permanecer en fe. ¿Podemos hacer algo que no sabemos cómo hacer? Claro que no. Tal vez no hayan sabido cómo pelear *"la buena batalla de la fe…"* (1 Ti. 6:12).

Apocalipsis 12:11, declara: *"Y ellos le han vencido [al diablo] por medio de la sangre del Cordero y de la palabra del testimonio de ellos, y menospreciaron sus vidas hasta la muerte"*. Tenemos que confiar y descansar en la sangre de Jesús, la cual pagó totalmente por nuestros pecados, nos hizo justos delante de

Dios, y derrotó al diablo en forma absoluta. Satanás no tiene ningún derecho legal en nuestras vidas, pues fuimos librados de su reino, poder y autoridad, y hechos aptos para participar de la herencia de los santos. Pero cuando no resistimos al enemigo le damos lugar.

En Juan 6:38, la Palabra nos dice que cuando Jesús vino a la tierra hizo la voluntad de Dios. Jesús dijo: *"Porque he descendido del cielo, no para hacer mi voluntad, sino la voluntad del que me envió"*. En Juan 4:34, Jesús dijo: *"...Mi comida es que haga la voluntad del que me envió, y que acabe su obra"*. De modo que todo lo que Jesús hizo fue voluntad de Dios. Hizo la voluntad de Dios cuando tomó nuestros pecados, y también cuando llevó nuestras enfermedades y sufrió nuestras dolencias.

En Isaías 53:1, vemos que nuestra parte es creer en el anuncio de Dios para que Su poder se revele a nuestro favor. ¿Cuál es el anuncio de Dios? En Isaías 53:5, el profeta Isaías nos dijo: *"Mas él herido fue por nuestras rebeliones, molido por nuestros pecados; el castigo de nuestra paz fue sobre él, y por su llaga fuimos nosotros curados"*. Luego, en 1 Pedro 2:24, Pedro anunció la obra terminada de Jesús: *"quien llevó él mismo nuestros pecados en su cuerpo sobre el madero, para que nosotros, estando muertos a los pecados, vivamos a la justicia; y por cuya herida fuisteis sanados"*. Este es el anuncio de Dios. Quizás haya personas que no recibieron su sanidad porque no conocieron o no creyeron el anuncio de Dios. Necesitamos tener Escrituras como base para todo lo que creemos y hacemos. Efesios 5:17, dice: *"Por tanto, no seáis insensatos, sino entendidos de cuál sea la voluntad del Señor"*.

¿Conoces a alguien que haya muerto sin recibir a Jesús? La Palabra de Dios nos dice claramente que Dios: *"...quiere que todos los hombres sean salvos y vengan al conocimiento de la verdad"* (1 Ti. 2:4-6; Jn. 3:14-17). Asimismo, 2 Pedro 3:9 nos dice que Él no quiere *"...que ninguno perezca, sino que todos procedan al arrepentimiento"*. En base a estos versículos, es claro que Dios quiere que todos sean salvos. Pero sabemos que no todos son salvos, así que la voluntad de Dios no siempre se hace. Nunca debemos medir la voluntad de Dios por lo que experimenta alguna persona en particular, sino solo por Su Palabra y por la obra de Su Hijo. Jesús compró la salvación para todos los hombres, pero solo aquellos que creen y actúan según lo que Él hizo reciben la vida eterna y son salvos.

Debemos comprender que Jesús nos mostró la voluntad de Dios por medio de Su obra terminada en el Calvario. Si Dios alguna vez hubiera estado dispuesto a invalidar la voluntad del hombre, sin duda que eso habría ocurrido en el Huerto del Edén, cuando Adán y Eva creyeron en la mentira de Satanás y trajeron muerte y maldición sobre la tierra.

Cuando alguien no logra recibir su sanidad, hay personas que declaran cosas como, *Por alguna razón Dios permitió que sucediera*, o *Dios lo estaba probando*, o *Dios tiene todo bajo control*; y así sucesivamente. Otras dirán que Dios es soberano, queriendo decir con esto que Dios hace lo que quiere. Pero todo esto es doctrina de hombre, razonamiento de hombre, o teoría religiosa; y si edificamos nuestra vida sobre estas cosas, lo estaremos haciendo sobre arena movediza. Dios es soberano, pero Él escogió operar dentro del marco de Su Palabra escrita.

En Juan 8:31, 32, Jesús dijo:

^{31} Si vosotros permaneciereis en mi palabra, seréis verdaderamente mis discípulos;

^{32} y conoceréis la verdad, y la verdad os hará libres.

Luego del Calvario, el Espíritu Santo es quien se mueve en nuestras vidas para poner por obra aquello en lo que creemos y actuamos.

¿Y qué hay de la fidelidad de Dios? Dios es fiel a Su Palabra, y en ella Él promete sanidad por medio de la obra terminada de Jesucristo. Dios nunca quebrantará Su Palabra. En Salmos 89:34, Dios dice: *"No olvidaré mi pacto, Ni mudaré lo que ha salido de mis labios"*.

En Salmos 119:89, 90, dice*:*

^{89}"Para siempre, oh Jehová, Permanece tu palabra en los cielos.

^{90} De generación en generación es tu fidelidad; Tú afirmaste la tierra, y subsiste".

Muchas veces, las personas esperan hasta que es demasiado tarde para desarrollar fe en la Palabra de Dios. La esperanza dice, *En algún momento seré sanado*; pero la fe del corazón dice, *Me pertenece ahora mismo*.

Leí acerca de un caso en el que la esposa de un pastor había muerto de cáncer siendo aún joven. Había un evangelista que enseñaba sobre la integridad de la Palabra de Dios, y que la sanidad divina fue y es provista para todos en la redención. Unos años más tarde, este ministro realizó una campaña en la iglesia de aquel Pastor. Cuando finalizó la semana, el Pastor le relató al evangelista que gracias a sus enseñanzas había despejado todos los cuestionamientos con que cargaba desde que su esposa había muerto a causa de ese cáncer. Le contó además que toda su congregación había quedado desconcertada cuando su esposa murió, y que había una nube de muerte sobre la iglesia. Su esposa era una mujer santa, una gran mujer de oración, y estaba junto a él en el ministerio. El Pastor dijo que había culpado a Dios por su muerte, y le contó al evangelista que su esposa siempre creyó que se sanaría, y ambos creyeron que eso era fe; pero dado que ella seguía postergando su sanidad hacia el futuro, la enfermedad avanzó. Ella murió diciendo: "Creo que Dios me va a sanar". Pero esa semana, después de oír las enseñanzas del evangelista, el Pastor comprendió que no habían tenido fe bíblica, sino solo esperanza.

> **Muchas veces, los cristianos no aprovechan lo que les pertenece.**

Jesús dijo que la sanidad es el pan de los hijos (Mt. 15:26). En Colosenses 1:12, el apóstol Pablo nos dice que Dios nos hizo herederos de la obra completa de Cristo, y nos hizo aptos para participar de ella. Muchas veces, los cristianos no aprovechan lo que les pertenece porque no saben lo que tienen, o bien, porque no saben cómo actuar al respecto.

En el cielo no necesitaremos sanidad, porque ahí no hay enfermedad. La sanidad nos pertenece ahora, y podemos tenerla ahora mismo, en este mundo. Jesús compró el nuevo nacimiento para nuestro espíritu, y junto con él, la sanidad para nuestro cuerpo. Dios no solo hizo que Jesús llevara el pecado, la enfermedad y las dolencias de todos nosotros, sino también, la causa de esas enfermedades y dolencias. No necesitamos cargar lo que Él ya cargó.

Dios no ha olvidado ninguna de las promesas o provisiones que ha hecho, ni ha olvidado el precio que se pagó. Tenemos redención mediante la sangre de Jesús, y por Su llaga (en inglés, la traducción dice "por sus azotes") fuimos sanados.

2 Corintios 1:19, 20

> [19] *Porque el Hijo de Dios, Jesucristo, que entre vosotros ha sido predicado por nosotros, por mí, Silvano y Timoteo, no ha sido Sí y No; más ha sido Sí en él;*
>
> [20] *porque todas las promesas de Dios son en él Sí, y en él Amén, por medio*

de nosotros, para la gloria de Dios".

Dios no está diciendo "no" a lo que ya ha dicho "sí", y Él ya dijo "sí" a todas Sus promesas.

No tienes que aceptar lo que el diablo intenta hacer. Puedes y debes levantarte y resistirlo a él y su obra. Cuando resistas al enemigo tienes que hacerlo en serio. No necesitaste saber mucho para recibir a Jesús; así también, no necesitas saber mucho para ser sano o para disfrutar y experimentar cualquiera de las promesas de Dios. Empieza donde estás, y haz lo que sabes; tu fe crecerá en la medida en que sigas haciéndolo y estudiando la Palabra de Dios. Confiesa la Palabra de Dios que conoces. Al principio quizás solo parezca que la recitas, pero tu confianza irá creciendo. Llegará un momento en que la Palabra saldrá de tu corazón; y será entonces cuando verás resultados.

Nadie podrá obtener victoria o salud por ti, así como tú tampoco podrás hacerlo por otro. Nadie experimentará la salud que proviene de Dios de manera constante si no desarrolla una fe personal en la obra terminada de Jesucristo; y nadie te mantendrá edificado espiritualmente, excepto tú mismo. Hechos 20:32, dice: *"Y ahora, hermanos, os encomiendo a Dios, y a la palabra de su gracia, que tiene poder para <u>sobreedificaros y daros herencia</u> con todos los santificados".*

Jesús obtuvo nuestra sanidad. Su voluntad es que conozcamos todo lo que Él hizo por nosotros y que caminemos en ello; y si te alimentas constantemente de la Palabra de Dios, ¡nadie, ni siquiera el diablo, puede evitar que te fortalezcas en el Señor y en el poder de Su fuerza! (Ef. 6:10).

Si oraste diligentemente por la sanidad de alguien, y esa persona no la recibió, no fue porque Dios no oyera tu oración. Es muy difícil retener aquí a alguien que desea morir y estar con el Señor, o a alguien que ha tenido un vislumbre del cielo. En ese caso, cuando pienses en ellos, solo recuerda que están con el Señor.

Capítulo 8
La diferencia entre la esperanza y la fe

*"He aquí que aquel cuya alma no es recta, se enorgullece; mas **el justo por su fe vivirá**"* (Hab. 2:4).

La Palabra de Dios nos dice que debemos vivir por fe. Sin embargo, algunas personas solo tienen esperanza, la cual tiene que ver con deseo y expectativa. La esperanza bíblica es una expectativa ferviente del mañana; pero con la fe, tú sabes que lo que esperas y deseas ya te fue otorgado. Un hijo de Dios necesita tanto de la esperanza como de la fe, pero es la fe la que recibe y echa mano de la obra que Cristo ya hizo por nosotros.

Tito dice que el regreso de Jesús es la esperanza bienaventurada: *"aguardando la esperanza bienaventurada y la manifestación gloriosa de nuestro gran Dios y Salvador Jesucristo"* (Tit. 2:13). Esperamos que Jesús vuelva (en el futuro), y esta es nuestra esperanza bienaventurada (es futura), nuestra expectativa (también es futura). Si el cristiano usa la esperanza para creer por las cosas que Cristo, en Su primera venida, ya obtuvo y proveyó por nosotros, se asemejará a aquellos judíos que siguen buscando y esperando que venga el Mesías. Quienes hemos recibido a Jesús como Salvador y Señor sabemos que Él vino y fue al Calvario, y que se convirtió en salvación para todo aquel que confíe en Él. Esto es fe, no *esperanza*, y es la fe la que recibe y posee hoy las promesas de Dios. Nuestra parte es creer y participar de lo que Jesús hizo en el Calvario. La fe es ahora. Si sigues posponiendo recibir lo que Cristo hizo en Su gran obra de sustitución, ya sea por un instante, un día, una semana, un año, o incluso por un segundo, no tienes fe bíblica. No será una fe que recibe, pues la fe siempre es ahora: *"Es, pues, la fe la certeza de lo que se espera, la convicción de lo que no se ve"* (Heb. 11:1).

Y tú, ¿tienes fe o esperanza? Hazte esta pregunta: ¿Creo que la promesa de Dios es mía, aunque todavía no la vea ni la sienta? Si puedes decir, *Sí*, entonces tienes fe. Si la Palabra de Dios dice que es tuyo, y has creído el anuncio de Dios y lo has aceptado como propio, lo considerarás tuyo. La fe cree el anuncio de Dios.

> **La fe considera a Dios fiel en guardar Su Palabra, sin importar cuánto tiempo tome llegar a verlo en lo natural.**

Mientras no llegues a un punto en que creas que las promesas y provisiones de Dios te pertenecen ahora, Sus promesas seguirán siendo futuras para ti. Mientras no creas que eres salvo, y que has sido sanado y librado, todo permanecerá en el futuro para ti. Hasta que la fe no esté en tiempo presente, no funcionará en tu vida. Las promesas solo se harán tuyas cuando esto ocurra, aunque no las veas ni las sientas. La fe es del corazón, es saber que es tuyo porque Dios así lo dijo en Su Palabra.

En la Biblia se menciona muchas veces que debemos vivir por fe.

Habacuc 2:4: *"He aquí que aquel cuya alma no es recta, se enorgullece;* **mas el justo por su fe vivirá**".

Romanos 1:16, 17

> *¹⁶ Porque no me avergüenzo del evangelio, porque es poder de Dios para salvación a todo aquel que cree; al judío primeramente, y también al griego.*
>
> *¹⁷ Porque en el evangelio la justicia de Dios se revela por fe y para fe, como está escrito:* ***Mas el justo por la fe vivirá.***

Gálatas 3:11: *"Y que por la ley ninguno se justifica para con Dios, es evidente, porque:* ***El justo por la fe vivirá***".

Hebreos 10:38: *"Mas* ***el justo vivirá por fe****; Y si retrocediere, no agradará a mi alma"*.

La diferencia entre la esperanza y la fe

Todos estos versículos nos dicen claramente que el justo vivirá por fe. La fe es lo que trae la promesa desde el ámbito invisible al ámbito visible. En Hebreos 11, vemos a hombres y mujeres de generaciones pasadas que simplemente oyeron hablar a Dios, y creyeron y actuaron considerando Sus Palabras como ciertas; y vemos lo que su fe obtuvo. Estos hombres y mujeres no son diferentes a ti o a mí, pero ellos solo oyeron la Palabra de Dios, la creyeron y actuaron conforme a ella.

No todos los de aquellas generaciones creyeron en Dios y vivieron por fe, pero los que se mencionan en Hebreos 11 sí lo hicieron, y eso es lo que queremos imitar. Dios llama a estos hombres y mujeres, *personas de fe*, porque pusieron su fe en acción.

En Hebreos 11:6, las Escrituras nos dicen que *"...sin fe es imposible agradar a Dios; porque es necesario que el que se acerca a Dios crea que le hay, y que es galardonador de los que le buscan"*. En el versículo 7, vemos un buen ejemplo de la fe bíblica: *"Por la fe Noé, cuando fue advertido por Dios acerca de cosas que aún no se veían, con temor preparó el arca en que su casa se salvase; y por esa fe condenó al mundo, y fue hecho heredero de la justicia que viene por la fe"*. En este versículo, vemos que su fe se basó en la Palabra de Dios, y no en lo que vio o sintió. Cuando Noé recibió esta palabra, nunca antes había llovido; pero él creyó la Palabra de Dios y actuó conforme a ella; y al hacerlo, se salvaron él y su familia.

En el versículo 11 vemos además que la fe no se rinde: *"Por la fe también la misma Sara, siendo estéril, recibió fuerza para concebir; y dio a luz aun fuera del tiempo de la edad, porque creyó que era fiel quien lo había prometido"*. La fe considera a Dios fiel en guardar Su Palabra, sin importar cuánto tiempo tome llegar a verlo en lo natural. La fe siempre cree. Entonces, cuando se trata de la verdadera fe bíblica, lo considerarás como propio aun cuando pueda haber un período en el que lo deseado todavía no se vea, y la única evidencia que tengas sea la Palabra de Dios. Lo que va dando sustancia a lo que deseas es la fe en la Palabra de Dios. No hay nada "más seguro" que la Palabra de Dios; es la única prueba que necesitas, porque todas Sus promesas son sí y amén, y si crees, si actúas en ellas y no las sueltas, se cumplirán con toda certeza.

Aprópiate de Sus promesas. Si has nacido de nuevo, te pertenecen con la misma seguridad que tendrías si pudieras tenerlas en tus manos o verlas con tus ojos físicos. Tu seguridad está en la Palabra eterna de Dios. Esta es tu evidencia de que puedes aferrarte a ello mientras no sea visible. No importa cuántas veces oigas o leas la Palabra de Dios, deberás creer y poner tu fe en ella antes de que puedas ver o sentir Sus promesas.

Todas las promesas de Dios que realmente he creído, que he tomado como propias y a las que me he aferrado, siempre se han cumplido. Posiblemente no haya sido tan rápido como hubiera querido, pero la fe es lo que trajo la promesa de Dios desde el ámbito invisible al visible, y fue mi evidencia mientras no se veía ni sentía.

La Palabra de Dios debe ser siempre la base de nuestra fe para creer. La fe debe edificarse sobre la Palabra inquebrantable de Dios. La fe que vence siempre está depositada en la obra terminada de Jesús.

Capítulo 9
Renovando la mente (una necesidad para vivir en victoria)

Nosotros somos seres espirituales que hemos sido creados a imagen y semejanza de Dios (Gn. 1:26). Somos espíritu, tenemos un alma, y vivimos en un cuerpo (1 Ts. 5:23). El nuevo nacimiento ocurre en el espíritu del hombre, pero el alma no cambia cuando nacemos de nuevo, sino que va haciéndolo en un proceso continuo, llamado la salvación del alma. El apóstol Santiago habla a personas renacidas, diciéndoles: *"Por lo cual, desechando toda inmundicia y abundancia de malicia, recibid con mansedumbre la palabra implantada, la cual puede <u>salvar vuestras almas</u>"* (Stg. 1:21). Debemos renovar nuestra mente con la Palabra de Dios para poder vivir en victoria y salud.

3 Juan 1:2-4

> *² Amado, yo deseo que tú seas prosperado en todas las cosas, y <u>que tengas salud</u>, así como prospera tu alma.*
>
> *³ Pues mucho me regocijé cuando vinieron los hermanos y dieron testimonio de tu verdad, de cómo andas en la verdad.*
>
> *⁴ No tengo yo mayor gozo que este, el oír que mis hijos andan en la verdad.*

En estos versículos vemos que Dios desea que tengamos salud. También vemos que, para caminar en esta verdad, hay algo que debemos hacer con respecto al ámbito del alma, lo que implica renovar nuestra mente con la Palabra de Dios.

Mientras estamos en esta tierra debemos lidiar con dos ámbitos, el visible y el invisible. Estos dos ámbitos se conocen también como lo temporal y lo eterno, lo natural y lo sobrenatural. 2 Corintios 4:18, dice: *"no mirando nosotros las cosas que se ven, sino las que no se ven; pues las cosas que se ven son temporales, pero las que no se ven son eternas"*. Existe un ámbito natural y uno espiritual. Con el ojo natural solo vemos el mundo natural, pero nuestra ayuda no proviene del ámbito natural, pues Dios se mueve en el ámbito espiritual. El ámbito espiritual es más real y poderoso que las cosas que se ven. Las cosas del Espíritu son más poderosas que las cosas de lo natural.

La mente sin renovar razonará hasta no creer las cosas de Dios, porque seguirá la sabiduría de este mundo, y no la sabiduría de Dios que es Su Palabra. La mente no renovada le creerá a los sentidos, y su lógica se basará en el razonamiento humano, y no en la Palabra de Dios. La salud y la sanidad nos pertenecen gracias a la obra de Jesús. Entonces, si necesitas un milagro, tu respuesta no vendrá del ámbito natural, sino del espiritual. La fe en Dios y en la obra de Jesús traerán las promesas de Dios y Sus provisiones desde el ámbito invisible al ámbito visible. Debemos poner nuestros ojos en la Palabra de Dios que es Espíritu y es vida, tal como nos dice la Biblia. La Palabra de Dios proviene del Espíritu de Dios. Ella nos revela que hay dos tipos de sabiduría: la sabiduría del mundo y la sabiduría de Dios.

Santiago 3:13-18

> *13 ¿Quién es sabio y entendido entre vosotros? Muestre por la buena conducta sus obras en sabia mansedumbre.*
>
> *14 Pero si tenéis celos amargos y contención en vuestro corazón, no os jactéis, ni mintáis contra la verdad;*
>
> *15 porque esta sabiduría no es la que desciende de lo alto, sino terrenal, animal, diabólica.*
>
> *16 Porque donde hay celos y contención, allí hay perturbación y toda obra perversa.*
>
> *17 Pero la sabiduría que es de lo alto es primeramente pura, después pacífica, amable, benigna, llena de misericordia y de buenos frutos, sin*

incertidumbre ni hipocresía.

¹⁸ Y el fruto de justicia se siembra en paz para aquellos que hacen la paz.

1 Corintios 1:30: *"Mas por él estáis vosotros en Cristo Jesús, el cual nos ha sido hecho por Dios sabiduría, justificación, santificación y redención".*

También existen dos reinos espirituales: el reino de Dios, que es el reino de luz; y el reino de Satanás, que es el reino de las tinieblas. Colosenses 1:13, dice: *"el cual nos ha librado de la potestad de las tinieblas, y trasladado al reino de su amado Hijo".*

Dios es eterno, y Su Palabra es eterna:

Salmos 119:89, 90

⁸⁹ Para siempre, oh Jehová, Permanece tu palabra en los cielos.

⁹⁰ De generación en generación es tu fidelidad; Tú afirmaste la tierra, y subsiste.

Isaías 40:8: *"Sécase la hierba, marchítase la flor; mas la palabra del Dios nuestro permanece para siempre".*

La redención es eterna:

Hebreos 9:12: *"y no por sangre de machos cabríos ni de becerros, sino por su propia sangre, [Jesús] entró una vez para siempre en el Lugar Santísimo, habiendo obtenido eterna redención".*

Efesios 1:7: *"en quien tenemos redención por su sangre, el perdón de pecados según las riquezas de su gracia".*

Colosenses 1:14: *"en quien tenemos redención por su sangre, el perdón de pecados".*

La redención es un rescate completo, es liberación, es la salvación de Cristo (Concordancia Strong Exhaustiva).

Es necesario tener fe. La fe es de Dios y del Espíritu. La fe se extiende hacia el ámbito espiritual: ve las cosas del Espíritu con los ojos de la fe, y echa mano de las cosas que Dios prometió cuando aún no se pueden ver en lo natural.

Hebreos 11:1, 3, 7

¹ Es, pues, la fe la certeza de lo que se espera, la convicción de lo que no se ve.

³ Por la fe entendemos haber sido constituido el universo por la palabra de Dios, de modo que lo que se ve fue hecho de lo que no se veía.

⁷ Por la fe Noé, cuando fue advertido por Dios acerca de cosas que aún no se veían, con temor preparó el arca en que su casa se salvase; y por esa fe condenó al mundo, y fue hecho heredero de la justicia que viene por la fe.

Noé no tenía evidencia, no había nada que pudiera ver en lo natural; pero él sabía que era cierto porque creyó la Palabra de Dios; y dado que creyó, actuó conforme a ella. Esto es fe. Sabemos que existen cosas invisibles (gérmenes, vientos, ondas de sonido, etc.) que son reales y con las que lidiamos en lo natural. El ámbito espiritual es igual, hay cosas reales que no podemos ver con el ojo natural, como es el caso de los poderosos espíritus ministradores (ángeles), cuyos oídos están ahora mismo sintonizados con la Palabra de Dios.

Hebreos 1:14: *"¿No son todos espíritus ministradores, enviados para servicio a favor de los que serán herederos de la salvación?".*

Salmos 103:20: *"Bendecid a Jehová, vosotros sus ángeles, Poderosos en fortaleza, que ejecutáis su palabra, Obedeciendo a la voz de su precepto".*

Las cosas del Espíritu son reales; Dios, Jesús, el Espíritu Santo, la Palabra y los ángeles son reales; todos ellos están presentes aquí y ahora. Pero si solo ves lo natural y actúas según el razonamiento humano, lo único que podrás ver y experimentar serán las cosas naturales. Si miras en la Palabra y caminas en el Espíritu podrás ver espiritualmente, y de hecho lo harás. Como hijos de Dios debemos conocer la sabiduría de Dios y caminar en ella. En 1 Corintios 2:14, el apóstol Pablo nos dice que el hombre natural no recibe las cosas del Espíritu de Dios, porque para él son locura, y no las puede entender porque se deben discernir espiritualmente. Sin embargo, en el mismo capítulo, Pablo dice a los creyentes que debemos conocer la sabiduría de Dios, la superior, y caminar en ella.

En 1 Corintios 1:18, Pablo nos dice que la predicación de la cruz es locura a los que se pierden; pero para quienes somos salvos, es poder de Dios. Luego dice que debemos conocer la sabiduría de Dios y andar en ella, y que la mente carnal nunca podrá conocerla.

En 1 Corintios 2:9-13, Pablo les dice a los creyentes:

⁹ Antes bien, como está escrito: Cosas que ojo no vio, ni oído oyó, Ni han subido en corazón de hombre, Son las que Dios ha preparado para los que le aman.

¹⁰ <u>Pero Dios nos las reveló a nosotros por el Espíritu</u>; porque el Espíritu todo lo escudriña, aun lo profundo de Dios.

¹¹ Porque ¿quién de los hombres sabe las cosas del hombre, sino el espíritu del hombre que está en él? Así tampoco nadie conoció las cosas de Dios, sino el Espíritu de Dios.

¹² Y nosotros no hemos recibido el espíritu del mundo, sino el Espíritu que proviene de Dios, <u>para que sepamos</u> lo que Dios nos ha concedido,

¹³ lo cual también hablamos, no con palabras enseñadas por sabiduría humana, sino con las que enseña el Espíritu, acomodando lo espiritual a lo espiritual.

Las epístolas o cartas escritas a la iglesia en el Nuevo Testamento, son la sabiduría de Dios que nos revelan aquello que el ojo y el hombre naturales no pueden ver ni comprender. Por esto es necesario que renovemos nuestra mente con la Palabra de Dios, para que conozcamos Su voluntad perfecta y caminemos en ella.

Romanos 12:1, 2

¹ Así que, hermanos, os ruego por las misericordias de Dios, que presentéis vuestros cuerpos en sacrificio vivo, santo, agradable a Dios, que es vuestro culto racional.

² No os conforméis a este siglo, sino transformaos por medio de la renovación de vuestro entendimiento, para que comprobéis cuál sea la <u>buena voluntad de Dios, agradable y perfecta</u>.

Aquí se nos dice que nos presentemos a Dios para servir, y que no nos conformemos a la forma de pensar o de vivir de este mundo. También se nos dice que la Palabra de Dios y Su Espíritu deben cambiarnos mediante la renovación de nuestra mente por medio de Su Palabra, para que podamos comprobar y experimentar la voluntad de Dios en nuestras vidas.

Efesios 4:22-24

²² En cuanto a la pasada manera de vivir, despojaos del viejo hombre, que está viciado conforme a los deseos engañosos,

²³ y renovaos en el espíritu de vuestra mente,

²⁴ y vestíos del nuevo hombre, creado según Dios en la justicia y santidad de la verdad.

Romanos 8:5-14

⁵ Porque los que son de la carne piensan en las cosas de la carne; pero los que son del Espíritu, en las cosas del Espíritu.

⁶ Porque el ocuparse de la carne es muerte, pero el ocuparse del Espíritu es vida y paz.

⁷ Por cuanto los designios de la carne son enemistad contra Dios; porque no se sujetan a la ley de Dios, ni tampoco pueden;

⁸ y los que viven según la carne no pueden agradar a Dios.

⁹ Mas vosotros no vivís según la carne, sino según el Espíritu, si es que el Espíritu de Dios mora en vosotros. Y si alguno no tiene el Espíritu de Cristo, no es de él.

¹⁰ Pero si Cristo está en vosotros, el cuerpo en verdad está muerto a causa del pecado, mas el espíritu vive a causa de la justicia.

¹¹ Y si el Espíritu de aquel que levantó de los muertos a Jesús mora en vosotros, el que levantó de los muertos a Cristo Jesús vivificará también vuestros cuerpos mortales por su Espíritu que mora en vosotros.

¹² Así que, hermanos, deudores somos, no a la carne, para que vivamos conforme a la carne;

¹³ porque si vivís conforme a la carne, moriréis; mas si por el Espíritu hacéis morir las obras de la carne, viviréis.

¹⁴ Porque todos los que son guiados por el Espíritu de Dios, éstos son hijos de Dios.

Mientras no empieces a ocuparte de las cosas del Espíritu, no podrás caminar en ellas <u>de manera consistente</u>. Las realidades espirituales no se perciben con la mente natural o carnal.

En este capítulo podemos ver dos leyes, dos caminos y dos mentalidades. En realidad vemos dos respuestas a la Palabra de Dios. También podemos ver la participación que tiene el Espíritu Santo en traer la victoria a nuestras vidas.

Romanos 8:2, 11, 13, 14, 16, 26-28

> *² Porque la ley del Espíritu de vida en Cristo Jesús me ha librado de la ley del pecado y de la muerte.*
>
> *¹¹ Y si el Espíritu de aquel que levantó de los muertos a Jesús mora en vosotros, el que levantó de los muertos a Cristo Jesús vivificará también vuestros cuerpos mortales por su Espíritu que mora en vosotros.*
>
> *¹³ porque si vivís conforme a la carne, moriréis; mas si por el Espíritu hacéis morir las obras de la carne, viviréis.*
>
> *¹⁴ Porque todos los que son guiados por el Espíritu de Dios, éstos son hijos de Dios.*
>
> *¹⁶ El Espíritu mismo da testimonio a nuestro espíritu, de que somos hijos de Dios.*
>
> *²⁶ Y de igual manera el Espíritu nos ayuda en nuestra debilidad; pues qué hemos de pedir como conviene, no lo sabemos, pero el Espíritu mismo intercede por nosotros con gemidos indecibles.*
>
> *²⁷ Mas el que escudriña los corazones sabe cuál es la intención del Espíritu, porque conforme a la voluntad de Dios intercede por los santos.*
>
> *²⁸ Y sabemos que a los que aman a Dios, todas las cosas les ayudan a bien, esto es, a los que conforme a su propósito son llamados.*

En Romanos 8 vemos:

- Versículo 29: El plan de Dios,
- Versículo 31: Dios está de nuestro lado,
- Versículo 32: El don supremo de Dios, Su Hijo,
- Versículo 34: Jesús hace intercesión por nosotros, y

- Versículo 35: Nada puede separar de Dios a aquellos cuya confianza está en Su Palabra y en Su Espíritu.

Así es, la ley del Espíritu de vida en Cristo Jesús nos ha librado de la ley del pecado y de la muerte (Ro. 8:2); pero la mente carnal nunca conocerá las cosas del Espíritu de Dios ni andará en ellas, pues se asocia con la vista, los sentimientos, y la sabiduría de este mundo.

Para poder vivir por fe es necesario renovar la mente con la Palabra de Dios. Si bien el nuevo nacimiento fue instantáneo, la renovación de la mente es un proceso continuo, en el que debiéramos trabajar a lo largo de todo nuestro caminar cristiano. Este proceso implica aprender todo aquello de lo cual la obra de Jesucristo nos ha hecho herederos. Una vez más, debemos renovar nuestra mente con la Palabra de Dios para que podamos conocer lo que nos dice, y actuar conforme a ello.

2 Corintios 10:3-5

³ Pues aunque andamos en la carne, no militamos según la carne;

⁴ porque las armas de nuestra milicia no son carnales, sino poderosas en Dios para la destrucción de fortalezas,

⁵ derribando argumentos y toda altivez que se levanta contra el conocimiento de Dios, y llevando cautivo todo pensamiento a la obediencia a Cristo.

Cuando nacemos de nuevo, entramos en un nuevo reino que se rige por nuevas leyes, las que se hallan en la Palabra de Dios y que fueron provistas por nuestro Padre Celestial, Aquel que apresura Su Palabra para ponerla por obra.

Conocer y vivir bajo las leyes de Dios requerirá estudiar y meditar en Su Palabra viva. Será necesario que presentes tu ser, tu voluntad y tu manera de hacer las cosas en humildad ante la Palabra de Dios. Debes permitir que la Palabra de Dios viva en ti y tenga dominio en tu vida, y convertirte en un hacedor de ella. Nuestra mentalidad debe estar sometida a la Palabra de Dios. En cuanto a la redención, no podemos caminar en el razonamiento humano. Para que Dios pueda poner Su Palabra por obra en nosotros, debemos tomarla como verdadera, y confiar en ella y en la obra de Dios, que es la obra de Jesucristo en la redención. Debemos reclamar nuestra herencia comprada con sangre, y participar tanto de las victorias de Cristo como de Su provisión. Jesús quiso que después de la cruz, Su obra redentora fuera proclamada como una obra terminada y eterna. Hebreos 9:12, dice: *"y no por sangre de machos cabríos ni de becerros, sino por su propia sangre, entró una vez para siempre en el Lugar Santísimo, habiendo obtenido eterna redención".*

Estudia y medita mucho en Colosenses 1:9-14. En estos versículos, vemos que Dios quiere que tengamos sabiduría acerca de las cosas espirituales, para que podamos andar en ellas. Nos dicen que Él nos ha hecho aptos para participar de la herencia de los santos en luz, que fuimos librados del poder, control y dominio de Satanás, que fuimos trasladados al Reino de Su Hijo, y que tenemos redención por Su sangre, el perdón de los pecados.

Habiendo nacido de nuevo, estamos en el Reino de Dios, y fuimos hechos aptos para participar. Por lo tanto, cuando la enfermedad o cualquier otra obra de Satanás trata de afectarnos, debemos resistir y permanecer firmes por la fe en la obra de Jesucristo.

No se trata de negar que la enfermedad exista, sino de negarle todo derecho a dominar o a existir en nuestra vida. Lo mismo es cierto acerca del pecado. No se trata de negar que el pecado exista, sino de negarle el derecho a existir en nuestra vida. Romanos 6:14, dice: *"Porque el pecado no se enseñoreará de vosotros; pues no estáis bajo la ley, sino bajo la gracia".* No se trata de negar que Satanás exista, sino de negarle todo dominio en nuestra vida. Jesús hizo algo con respecto a Satanás, el pecado y la enfermedad. Si Satanás, el pecado y la enfermedad no existieran, Jesús no habría tenido que ir a la cruz para redimirnos. Él nos redimió y rompió el poder (dominio) de Satanás, del pecado y de la enfermedad sobre nuestras vidas.

Dado que Jesús acabó Su obra, debemos rechazar (denegar) todo aquello de lo que Jesús nos haya redimido, de modo que no exista en nuestra vida ni tenga dominio sobre nosotros. Jesús nos hizo herederos de toda Su obra; por lo tanto, lo que nos corresponde hacer es aceptar y recibir en su totalidad lo que Él nos dio y proveyó para nosotros. Pero el razonamiento humano natural no querrá hacerlo. La Palabra de Dios nos habla de la obra de Cristo que fue hecha para el mundo; y una vez que aceptamos a Jesús, debemos exaltar la Palabra de Dios y la obra de Jesucristo, nuestro Redentor, sobre cualquier otra cosa.

Pasos que seguir para renovar la mente:

1. Mediante la lectura y el estudio de la Palabra de Dios, descubre quién eres

en Cristo y qué es lo que Dios te ha dado.

2. Pon en ti la Palabra de Dios mediante la meditación de estos versículos, y de confesarlos como tuyos.
3. Desecha todo pensamiento incorrecto que no esté de acuerdo con la Palabra de Dios, y reemplázalo con ella.
4. Actúa conforme a lo que dice la Palabra de Dios, y no según lo que sientas.

En la medida en que mantengas la Palabra de Dios en tu boca, observarás (verás) cómo renovar tu mente; y entonces prosperarás y todo te saldrá bien (Jos. 1:8).

Capítulo 10

La oración de fe

Siempre recibimos las promesas de Dios por gracia, por medio de la fe. ¿Cómo se hace esto?

Una forma de hacerlo es orando la oración de fe. Esta es una oración que podrías hacer una vez, siempre y cuando al orar hubieras creído que recibiste. Cuando oramos, debemos esperar que nuestras oraciones sean respondidas. En Mateo 21:22, Jesús dijo *"Y todo lo que pidiereis en oración, **creyendo**, lo **recibiréis**"*; y en Marcos 11:24: *"Por esta razón les digo que todo por lo cual oran y piden, **crean** que lo han **recibido** y les será hecho"* (RVA-2015). Para que puedas ver el resultado (la manifestación) de la oración de fe, debes creer que recibiste aquello que pediste conforme a la Palabra de Dios.

En estos versículos, Jesús nos ordenó a creer que hemos recibido las cosas por las que oramos, en el mismo instante en que lo hicimos, y no una vez que las **veamos** o **sintamos**. Él te promete que las tendrás bajo esta condición. Cada vez que ores vas a creer en algo: creerás que recibiste, o creerás que aún no has recibido. Si no crees que recibiste lo que oraste, estarás basando tu creencia en las circunstancias externas, los sentidos físicos, o el razonamiento humano, y no en la Palabra de Dios.

La fe siempre se basa y debe basarse en la Palabra de Dios, y debes liberarla desde tu corazón antes de que venga la manifestación. La Palabra de Dios nos enseña que la forma de liberar nuestra fe es a través de nuestras palabras.

Romanos 10:8, 10

⁸ Mas ¿qué dice? Cerca de ti está la palabra, en tu boca y en tu corazón. Esta es la palabra de fe que predicamos:

¹⁰ Porque con el corazón se cree para justicia, pero con la boca se confiesa para salvación.

Asimismo, la Palabra de Dios dice que la fe tiene acción (obras).

Santiago 2:14-26

¹⁴ Hermanos míos, ¿de qué aprovechará si alguno dice que tiene fe, y no tiene obras [acciones correspondientes]? ¿Podrá la fe salvarle?

¹⁵ Y si un hermano o una hermana están desnudos, y tienen necesidad del mantenimiento de cada día,

¹⁶ y alguno de vosotros les dice: Id en paz, calentaos y saciaos, pero no les dais las cosas que son necesarias para el cuerpo, ¿de qué aprovecha?

¹⁷ Así también la fe, si no tiene obras, es muerta en sí misma.

¹⁸ Pero alguno dirá: Tú tienes fe, y yo tengo obras. Muéstrame tu fe sin tus obras, y yo te mostraré mi fe por mis obras.

¹⁹ Tú crees que Dios es uno; bien haces. También los demonios creen, y tiemblan.

²⁰ ¿Mas quieres saber, hombre vano, que <u>la fe sin obras es muerta</u>?

²¹ ¿No fue justificado por las obras Abraham nuestro padre, cuando ofreció a su hijo Isaac sobre el altar?

²² ¿No ves que la fe actuó juntamente con sus obras, y que la fe se perfeccionó por las obras?

²³ Y se cumplió la Escritura que dice: Abraham creyó a Dios, y le fue contado por justicia, y fue llamado amigo de Dios.

²⁴ Vosotros veis, pues, que el hombre es justificado por las obras, y no solamente por la fe.

²⁵ Asimismo también Rahab la ramera, ¿no fue justificada por obras,

La oración de fe

cuando recibió a los mensajeros y los envió por otro camino?

²⁶ Porque como el cuerpo sin espíritu está muerto, así también la fe sin obras está muerta.

Mucha gente en las iglesias no tiene idea de lo que significa orar y creer que recibes, y aferrarte a lo que crees hasta que se manifieste. Es por esto que es tan importante que entiendas las verdades que contienen estos versículos, para que te beneficien a lo largo de toda tu vida cristiana.

¿Qué es la oración de fe? Nuevamente, la oración de fe es creer que al orar recibiste lo que Dios prometió y proveyó según 2 Corintios 1:20: *"porque todas las promesas de Dios son en él Sí, y en él Amén, por medio de nosotros, para la gloria de Dios"*. El recibir se basa siempre en lo que Dios dice y en lo que Jesús hizo, y no en lo que veo o en cómo me siento. Una vez que recibo por medio de la fe, me aferro y doy gracias y alabanzas a Dios, porque sé que tengo lo que pedí.

Si te planteas las siguientes preguntas te quedará más claro, y sabrás si al orar has creído que recibiste: ¿Creíste que es tuyo?, ¿creíste que te fue concedido?, ¿lo consideraste como hecho? Si puedes responder afirmativamente a estas preguntas, entonces recibiste lo que pediste, así que no lo sueltes. Debemos tener confianza de que hemos recibido lo que pedimos.

1 Juan 5:14, 15

¹⁴ Y esta es la confianza que tenemos en él, que si pedimos alguna cosa conforme a su voluntad, él nos oye.

¹⁵ Y si sabemos que él nos oye en cualquiera cosa que pidamos, sabemos que tenemos las peticiones que le hayamos hecho.

Existen otras oraciones que sería correcto orar en más de una ocasión. Como es el caso de la oración de compromiso, por la cual nos sometemos y sometemos nuestra voluntad y nuestra forma de hacer las cosas a los propósitos y planes de Dios para nuestra vida, y debe orarse muchas veces. Asimismo, la oración por los perdidos, tal como Jesús nos ordenó que pidiéramos al Señor de la mies que enviara obreros al campo para cosechar la mies (Mt. 9:38), debe orarse constantemente. No obstante, la oración de fe, la cual es pedir cualquier cosa que Jesús haya prometido y provisto para todos, <u>si creíste que recibiste al orar</u>, solo necesitas hacerla una vez. Tal como oras una sola vez para recibir a Jesús como Señor, necesitas orar solo una vez para recibir tu sanidad. A partir de ese momento, comienza a alabar y a dar gracias a Dios por ella.

Busca versículos que suplan tu necesidad, escríbelos, léelos varias veces al día, acéptalos en tu corazón, estúdialos, medítalos, aliméntate de ellos, y confiésalos (háblalos) como tuyos hasta que tu boca y tu corazón estén de acuerdo. Luego haz lo que dice Hebreos 10:23: *"Mantengamos firme, sin fluctuar, la profesión de nuestra esperanza, porque fiel es el que prometió"*; y Él lo llevará a cabo en ti.

Una vez que has orado, y crees haber recibido y aceptas tu sanidad, habla tu fe y mantente confesando: *Señor, creo que por Tus llagas me sanaste*. El enemigo tratará de convencerte de que no estás realmente creyendo y en fe, especialmente si los síntomas siguen presentes. La duda vendrá, especialmente si estás en una batalla de fe. Necesitas saber que no porque venga duda a tu mente estarás dudando en tu corazón (espíritu). Si comienzas a hablar en contra de la Palabra de Dios, solo detente, arrepiéntete, y pídele a Dios que te limpie. Luego vuelve a posicionarte haciendo que tu corazón y tu boca estén nuevamente de acuerdo con Dios. Vuélvete a lo que Su Palabra dice al respecto, es decir, que Jesús sí te sanó, y otra vez comienza a confesarlo sin cesar, confiesa que te pertenece, y mantente firme.

> **No tenemos que convencer a Dios para que nos salve o nos sane, pues son parte de lo que Jesucristo proveyó en la cruz.**

Cuando le pedí a Jesús que fuera mi Señor y nací de nuevo, en ese mismo instante creí haberlo recibido como mi Salvador, según Efesios 2:8. Lo mismo ocurre con la sanidad. Tienes que creer que lo recibiste en el mismo momento en que ores, o que otra persona ore por ti. Isaías 53:1, dice: *"¿Quién ha creído a nuestro anuncio? ¿y sobre quién se ha manifestado el brazo [poder] de Jehová?"*. En el versículo 5, Isaías continúa diciéndonos que por medio de la obra de Cristo fuimos curados. 1 Pedro 2:24, dice que fuiste curado (se refiere a después del Calvario). Esto es lo que debemos creer. En algún momento tendrás que llegar al punto en que cuando ores creas que has recibido. No puedes esperar a que los síntomas desaparezcan para solo entonces creer que recibiste. Si aún no lo has logrado, vuelve a estudiar los versículos que hablan de sanidad, confiésalos con tu boca hasta que estés seguro, y solo entonces ora.

No necesitamos convencer a Dios para que nos salve o nos sane, pues tanto la salvación como la sanidad son parte de lo que Jesucristo proveyó en la cruz. En ella, cuando Jesús tomó nuestros pecados y nuestras enfermedades, le estaba mostrando al mundo que la voluntad de Dios es salvarnos y sanarnos. En Juan 6:38, Jesús dice: *"Porque he descendido del cielo, no para hacer mi voluntad, sino la voluntad del que me envió".* Por fe debemos creer y tomar la provisión como propia, y luego debemos aferrarnos a lo que estamos creyendo.

¿Cómo podemos hacerlo? Manteniendo nuestra boca y corazón en acuerdo con la Palabra viva de Dios. Dios no solo oye lo que estás orando, sino también lo que estás diciendo. ¿Qué dices después de decir *Amén*? Lo que dices después de orar es muy importante. Si comienzas a hablar acerca del problema y a hablar incredulidad (lo que es contrario a la Palabra de Dios), estarás deshaciendo lo que acabas de orar. Cuando oras te estás sometiendo a la Palabra de Dios y a la autoridad de ella; estás creyendo y recibiendo, y te niegas a soltarlo hasta que se manifieste (se realice) en ti. Si sientes que estás dudando (Heb. 10:23), está bien que lo ores nuevamente para restablecer tu rumbo.

La oración de fe cree que recibimos lo que Dios ha provisto, sin importar cómo se vean las cosas en lo natural. La definición de fe de Dios se encuentra en Hebreos 11:1: *"Es, pues, la fe la certeza de lo que se espera, la convicción de lo que no se ve".*

La fe es la seguridad, el saber, y nuestra prueba de que hemos recibido lo que le pedimos a Dios. Tal como dice en Hebreos 11:1 (AMPC):

Ahora la fe es la seguridad (la confirmación, el título de propiedad) de las cosas que [nosotros] esperamos, siendo la prueba de las cosas que [nosotros] no vemos y la convicción de su realidad [la fe percibe como un hecho real lo que no se revela a los sentidos].

Dios es fiel a Su palabra; así que aférrate a ella y no la sueltes. La fe viene por oír, y el oír por la Palabra de Dios (Ro. 10:17), ¡así que sigue oyendo la Palabra y alimentándote de ella!

Capítulo 11
Qué hacer cuando hay un contraataque

Una vez oí una declaración que hizo un conocido ministro del evangelio, un hombre muy usado en el ministerio de sanidad. Él dijo que la gente necesita saber que luego de recibir su sanidad, Satanás vendrá con un contraataque; y que esta es la causa por la que la mayoría de los cristianos pierde su sanidad. Dijo que Satanás te tentará con síntomas para intentar robarte tu bendición de sanidad.

Esta es una verdad que desearía haber aprendido mucho antes en mi vida. El enemigo, Satanás, me robó la sanidad en dos oportunidades antes de que aprendiera qué hacer, aun cuando en Santiago 4:7, la Palabra de Dios nos dice qué hacer: *"Someteos, pues, a Dios; resistid al diablo, y huirá de vosotros"*. Cuando resistes al diablo, estás resistiendo sus obras.

Resistir: Actuar en contra, oponerse, rechazar y evitar (Concordancia Strong Exhaustiva).

El apóstol Pedro también nos dice que velemos, y qué es lo que debemos hacer.

1 Pedro 5: 8, 9

> *⁸ Sed sobrios, y velad; porque vuestro adversario el diablo, como león rugiente, anda alrededor buscando a quien devorar;*
>
> *⁹ al cual resistid firmes en la fe, sabiendo que los mismos padecimientos se van cumpliendo en vuestros hermanos en todo el mundo.*

Qué hacer cuando hay un contraataque

Jesús mismo nos advierte acerca de la obra de nuestro enemigo.

Juan 10:10: *"El ladrón* [el diablo] *no viene sino para hurtar y matar y destruir; yo* [Jesús] *he venido para que tengan vida, y para que la tengan en abundancia".*

Jesús también nos dice que retengamos lo que hemos recibido.

Apocalipsis 2:25: *"pero lo que tenéis, retenedlo hasta que yo venga".*

Aunque sabía que Jesús sigue sanando hoy, ignoraba que una vez que recibiera mi sanidad debía estar vigilante en lo que concierne al ladrón, Satanás. Quiero compartirte acerca de una ocasión en que perdí mi sanidad por desconocer esta verdad.

Después de que di a luz a mi hijo, sufrí de hemorroides. Era una clase de hemorroides que provoca una inflamación interna muy dolorosa, y cada vez que iba al baño, el dolor persistía por varias horas. La pri-

> En ese tiempo no sabía cómo resistir al diablo y sus obras.

mera vez que recibí sanidad de las hemorroides fue cuando mi hijo tenía cerca de dos años. Asistí a la iglesia a un servicio de avivamiento, con la intención de recibir oración por sanidad. Antes de que ofrecieran orar por sanidad, nos reunimos todos alrededor del altar para tener un tiempo de oración. El Espíritu Santo me tocó mientras orábamos, creí y tomé mi sanidad por fe. No pasé al frente cuando llamaron a aquellos que deseaban recibir sanidad. Luego de que el servicio había terminado, alguien de mi familia me dijo: "Opal, pensé que pasarías para que oraran por tu sanidad". Le dije que creía que ya la había recibido. Había tomado mi sanidad por fe. Mi sanidad se manifestó la siguiente vez que fui al baño.

Me mantuve sana por un par de años, pero luego los síntomas comenzaron a reaparecer, hasta llegar al nivel que había experimentado antes. Entonces pensé, *Perdí mi sanidad.* En ese tiempo no sabía que debía resistir la enfermedad. Las hemorroides continuaron durante algunos años. Comencé a orar por sanidad en mis devocionales cotidianos. Buscando al Señor y entrando en Su presencia, nuevamente recibí mi sanidad, y fui sana por unos cuantos años más. Pero volví a descuidar mi tiempo en la Palabra de Dios y la oración, y los antiguos síntomas reaparecieron. Una vez más llegué a pensar, *Oh no, volví a perder mi sanidad.*

En ese tiempo no sabía cómo resistir al diablo y sus obras, realmente las desconocía, y no sabía cómo él obra. Aunque las Escrituras nos dicen varias veces cómo opera, no sabía que podía o debía resistir, ni que debía oponerme a él y a sus obras. Hasta ese momento había pensado que si amas al Señor y quieres hacer lo correcto, si quieres ir a la iglesia, y que la voluntad de Dios se cumpla en tu vida, todo eso ocurriría automáticamente.

Luego llegó el tiempo en que mi vida dependía de mi conocimiento personal de la Palabra de Dios. El problema no era no haber amado al Señor, o no haber querido que se hiciera Su voluntad en mi vida. Sí lo amaba, y sí quería hacer Su voluntad, pero estaba pereciendo por la falta de conocimiento de la Palabra de Dios y de Su voluntad, y por no conocer las obras y las artimañas de Satanás (Os. 4:6; Ef. 6:11; 5:17).

Hasta ese momento solo había sido una lectora de la Biblia, la Palabra de Dios, y no sabía ni comprendía que debía conocer estas verdades, y aplicarlas y vivirlas en mi vida (Jn. 8:31, 32; 14:15-26; 16:7, 13-15).

Entonces, cuando el enemigo vino en mi contra con dos enfermedades óseas incurables, además de una enfermedad muscular (también incurable) que por un período de tiempo me dejó semi-inválida y necesitando ayuda a tiempo completo, no estaba preparada para enfrentar al ladrón (Jn. 10:10).

¡Alabo a Dios por haber traído a mi vida enseñanzas acerca de la integridad de Su Palabra, la que no solo dice que podemos ser sanados, ¡sino que Jesucristo ya nos sanó en el Calvario! Tan cierto como que Jesús tomó nuestros pecados, Él mismo llevó también nuestras enfermedades (Is. 53:4, 5; Mt. 8:17; Gl. 3:13, 14; 1 P. 2:24).

Dios, nuestro amoroso Padre celestial, quiere que como hijos estemos sanos y que disfrutemos de todo lo que la obra de Cristo proveyó para nosotros. Quiere que vivamos libres de la maldición del pecado y la enfermedad, la cual entró por la caída del hombre. Aquí en la tierra la maldición avanza desenfrenadamente, pero Cristo nos redimió de la maldición. Él la tomó por nosotros y nos hizo herederos de las bendiciones (Gl. 3:13, 14; 2 P. 1:1-4; Col. 1:9-14). Colosenses 1:12, dice: *"con gozo dando gracias al Padre que nos hizo aptos para participar de la herencia de los santos en luz"*.

Toda enfermedad está bajo la maldición, ya sea que tenga un nombre o no lo tenga. La forma de escapar de la corrupción que existe en el mundo, es a través de nuestra participación de las promesas y provisiones de la obra de Cristo, y de todo lo que incluye la salvación (2 P. 1:1-4).

A partir de las Escrituras, también aprendí que el Espíritu Santo ha venido a vivir en nosotros (Jn. 16:13, 14), a enseñarnos, a llevarnos, y a guiarnos a la verdad, a darnos conocimiento y entendimiento de la Palabra de Dios, y a hacer que las cosas de Dios sean conocidas para nosotros (1 Co. 2:9, 10, 12). Desde mi infancia supe que Dios podía sanar a los enfermos. Yo misma había sido sanada en varias oportunidades de algunas dolencias menores. Mis dos abuelas habían recibido sanidades milagrosas, como también algunas de mis tías. Aun así, no sabía nada acerca de permanecer vigilante frente a un posible contraataque, y estoy enormemente agradecida de haber adquirido este conocimiento.

Ya he aprendido a combatir con la espada del Espíritu, la Palabra de Dios, que es el arma más poderosa que existe en la tierra (Ef. 6:17; Heb. 4:12).

Esta es la misma arma que Jesús usó cuando se enfrentó al enemigo, en Mateo 4:1-11 y Lucas 4:1-13. En lo referente a las hemorroides, hoy estoy sana. Es posible que el enemigo me haya atacado con síntomas unas diez o doce veces en los últimos años, pero ahora lo enfrento con la Palabra de Dios que sale de mi boca, diciendo, ¡Oh no! *Lo rechazo; no lo acepto de vuelta. He sido redimida de esa enfermedad porque está bajo la maldición, y Cristo me redimió de la maldición.* En una de esas ocasiones la batalla duró casi cinco semanas, pero permanecí firme en la Palabra de Dios y no acepté la derrota. Esto sucedió en una ocasión en que iba a predicar en una conferencia acerca de la sanidad. Cuando volví a casa luego de la reunión, todos los síntomas habían desaparecido.

El enemigo también ha vuelto con síntomas de las enfermedades óseas y musculares. Una vez, hace varios años, debí enfrentar ese ataque durante algunos meses; pero sabía que Cristo, mi Señor, me había provisto la sanidad. Para ese entonces, y a partir de la Palabra de Dios, ya sabía que soy heredera de toda la obra de Cristo, y el enemigo fue derrotado nuevamente. Hoy sigo victoriosa.

Satanás no tiene defensa contra la Palabra de Dios. Si la mantienes en tu corazón y en tu boca harás huir al enemigo. No permitas que el ladrón robe tu herencia que fue comprada con sangre. Dios quiere que Su pueblo resista con éxito todo aquello de lo que Cristo nos ha redimido, participando por fe de todo lo que Él hizo por nosotros. Hebreos 10:23, dice: *"Mantengamos firme, sin fluctuar, la profesión de nuestra esperanza, porque fiel es el que prometió"*. Debemos saber cuáles son las victorias que Jesús ha provisto para toda nuestra estancia en esta tierra, y disfrutarlas.

Capítulo 12
Guía de Dios para vivir en la salud que proviene de Él

Dios ha provisto salud y sanidad para todos. Su voluntad es que estemos sanos, y que experimentemos todo lo que incluye la salvación.

Salvación: rescate o seguridad (en el ámbito físico o moral): liberación, **salud**, rescatar, que guarda continuamente (Concordancia Strong Exhaustiva).

Dios nos dio instrucciones en Su Palabra sobre cómo experimentar esta salvación, pero aun y cuando ella nos dice que Dios ha provisto salud y sanidad, cada persona tiene un papel que desempeñar para poder disfrutar dichas provisiones.

El antiguo pacto de Dios incluía la sanidad, aun antes de la cruz, y la Biblia dice que tenemos un nuevo y mejor pacto del que ellos tuvieron, así que sin duda el nuevo pacto incluye sanidad. Hebreos 8:6, dice: *"Pero ahora tanto mejor ministerio es el suyo* [de Jesús], *cuanto es mediador de un mejor pacto, establecido sobre mejores promesas".*

El primer pacto que Dios hizo con los hijos de Israel fue establecido cuando los sacó de la tierra de Egipto. Fue un pacto de sanidad, y en el Antiguo Testamento se explica con mucha claridad.

Éxodo 15:26

y dijo: Si oyeres atentamente la voz de Jehová tu Dios, e hicieres lo recto *delante de sus ojos, y dieres oído a sus mandamientos, y guardares todos sus estatutos, ninguna enfermedad de las que envié a los egipcios te enviaré a ti; porque <u>yo soy Jehová tu sanador</u>.*

Éxodo 23:25, 26

²⁵ Mas a Jehová vuestro Dios serviréis, y él bendecirá tu pan y tus aguas; y <u>yo quitaré toda enfermedad de en medio de ti</u>.

²⁶ No habrá mujer que aborte, ni estéril en tu tierra; y yo completaré el número de tus días.

En Deuteronomio 28:61, Dios declara que <u>toda enfermedad y toda plaga están bajo la maldición</u>, y el Nuevo Testamento declara que <u>hemos sido redimidos de la maldición</u>.

Gálatas 3:13, 14

¹³ Cristo nos redimió de la maldición de la ley, hecho por nosotros maldición (porque está escrito: Maldito todo el que es colgado en un madero),

¹⁴ para que en Cristo Jesús la bendición de Abraham alcanzase a los gentiles, a fin de que por la fe recibiésemos la promesa del Espíritu.

El Nuevo Testamento es el cumplimiento de lo que los profetas del Antiguo Testamento señalaron al anunciar la venida de Cristo y la obra que Él haría. Jesús dijo que había cumplido todo lo que de Él estaba escrito en la Palabra de Dios.

Lucas 24:27: *"Y comenzando desde Moisés, y siguiendo por todos los profetas, les declaraba en todas las Escrituras lo que de él decían".*

Lucas 24:44-47

⁴⁴ Y les dijo: Estas son las palabras que os hablé, estando aún con vosotros: que era necesario que se cumpliese todo lo que está escrito de mí en la ley de Moisés, en los profetas y en los salmos.

⁴⁵ Entonces les abrió el entendimiento, para que comprendiesen las Escrituras;

⁴⁶ y les dijo: Así está escrito, y así fue necesario que el Cristo padeciese, y resucitase de los muertos al tercer día;

⁴⁷ y que se predicase en su nombre el arrepentimiento y el perdón de pecados en todas las naciones, comenzando desde Jerusalén.

Mateo 8:17: *"para que se cumpliese lo dicho por el profeta Isaías, cuando dijo: El mismo [Jesús] tomó nuestras enfermedades, y llevó nuestras dolencias".*

Es importante que sepas que Jesucristo proveyó la sanidad para ti, tal como lo dicen los siguientes versículos:

Isaías 53:1, 4, 5

¹ ¿Quién ha creído a nuestro anuncio? ¿y sobre quién se ha manifestado el brazo de Jehová?

⁴ Ciertamente llevó él [Jesús] nuestras enfermedades, y sufrió nuestros dolores; y nosotros le tuvimos por azotado, por herido de Dios y abatido.

⁵ Mas él herido fue por nuestras rebeliones, molido por nuestros pecados; el castigo de nuestra paz fue sobre él, y por su llaga fuimos nosotros curados".

1 Pedro 2:24: *"quien llevó él mismo [Jesús] nuestros pecados en su cuerpo sobre el madero, para que nosotros, estando muertos a los pecados, vivamos a la justicia; y por cuya herida fuisteis sanados".*

Tal como en el antiguo pacto, las personas debían oír atentamente la Palabra del Señor que se hablaba por boca de los profetas, nosotros también debemos hacerlo hoy. Los creyentes del antiguo pacto debían obedecer lo que decían los profetas, y si lo hacían podrían vivir libres de la maldición y recibir todas las bendiciones de Dios. Ahora, es igual de importante que atendamos con diligencia a la obra terminada de Jesús, para que podamos disfrutar de las victorias que Cristo obtuvo para nosotros.

La obra terminada de Jesús en el Calvario proveyó sanidad para todo aquel que crea. Cuando lees los evangelios, puedes ver a Jesús constantemente sanando, echando fuera demonios, e incluso resucitando a los muertos. Entonces, dado que Jesús fue aun capaz de sanar durante Su ministerio terrenal, esto fundamenta que la sanidad fue provista incluso antes de que Jesús fuera a la cruz.

Su obra en el Calvario fue hecha para el mundo, lo cual incluye a todos los que han vivido y vivirán en la tierra (también a ti y a mí). Jesús murió y resucitó para salvarnos, sanarnos y liberarnos. Él no hizo esta gran obra solo para que cuando dejemos el mundo podamos ir al cielo, sino que también fue al Calvario para brindar todo lo que es la salvación, y para que podamos experimentarlo hoy en nuestras vidas. Dios nos dice cómo obtenerla.

Proverbios 4:10, 13

[10] Oye, hijo mío, y recibe mis razones, Y se te multiplicarán años de vida.

[13] Retén el consejo, no lo dejes; Guárdalo, porque eso es tu vida.

Los siguientes versículos son una forma segura de disfrutar de la salud que proviene de Dios, y una cura segura para cualquier enfermedad o dolencia.

Proverbios 4:20-27

[20] Hijo mío, está atento a mis palabras; Inclina tu oído a mis razones. ("Estar atento" significa dar a la Palabra de Dios el primer lugar en tu vida).

[21] No se aparten de tus ojos; Guárdalas en medio de tu corazón;

[22] Porque son vida a los que las hallan, Y medicina a todo su cuerpo.

[23] Sobre toda cosa guardada, guarda tu corazón; Porque de él mana la vida.

[24] Aparta de ti la perversidad de la boca, Y aleja de ti la iniquidad de los labios. (Una boca perversa e inicua habla en contra de lo que dice la Palabra de Dios, o se opone a ella).

[25] Tus ojos miren lo recto, Y diríjanse tus párpados hacia lo que tienes delante.

[26] Examina la senda de tus pies, Y todos tus caminos sean rectos.

[27] No te desvíes a la derecha ni a la izquierda; Aparta tu pie del mal.

En este pasaje, Dios nos dice que Sus palabras son vida para aquellos que las hallan, y salud para toda su carne. Los redimidos deben tener salud. Es importante recordar que la voluntad de Dios es que seas sano, tal como lo dice el apóstol Juan.

3 Juan 1:2-4

[2] Amado, yo deseo que tú seas prosperado en todas las cosas, y que tengas

salud, así como prospera tu alma.

³ Pues mucho me regocijé cuando vinieron los hermanos y dieron testimonio de tu verdad, de cómo andas en la verdad.

⁴ No tengo yo mayor gozo que este, el oír que mis hijos andan en la verdad.

Busca las Escrituras que te hablen sobre la sanidad, para que puedas aferrarte a ellas. Estúdialas, medita en ellas y háblalas, para que Su Palabra se arraigue firmemente en tu espíritu. Todas estas son formas de meditar en la Palabra, tal como se nos instruye hacer. Meditar significa reflexionar, imaginar, murmurar, decir, estudiar, hablar, pronunciar (Concordancia Strong Exhaustiva). Si meditas en la Palabra de Dios llegarás a ver las promesas como propias.

Cuando de sanidad se trata, hay algunos que dicen e incluso oran agregando, *Si es la voluntad de Dios.* Pero Dios reveló Su voluntad mediante la obra de Cristo, y esa obra incluyó la sanidad. La voluntad de Dios fue hecha a través de la obra de Cristo en el Calvario. Las Escrituras dicen claramente que *"…Él mismo tomó nuestras enfermedades…"* (Mt. 8:17), y que *"…llevó él mismo [Jesús] nuestros pecados en su cuerpo sobre el madero, para que nosotros, estando muertos a los pecados, vivamos a la justicia; y por cuya herida fuisteis sanados"* (1 P. 2:24).

La sanidad es la voluntad de Dios para ti, llegues o no a recibirla. Recibir significa tomar, echar mano de, reclamar, apropiarse. Su voluntad fue dada a conocer por boca de los profetas que anunciaron la venida de Jesucristo el Redentor, y la obra que Él haría. Jesús vino y cumplió esta obra yendo a la cruz. Su salvación se ofrece a todo aquel que crea y reciba Su gran obra, la cual fue hecha para el mundo.

La sanidad es la voluntad de Dios para ti, llegues o no a recibirla.

También es importante que sepas que no debes orar por sanidad, y al mismo tiempo estar declarando enfermedad con tus palabras (por ejemplo, hablar sin cesar de tus síntomas). Tus palabras no pueden contradecir lo que oras; tienen que estar de acuerdo con la Palabra de Dios. Proverbios 18:21 deja en claro que: *"La muerte y la vida están en el poder de la lengua, Y el que la ama comerá de sus frutos"*. Proverbios 12:18, dice: *"Hay hombres cuyas palabras son como golpes de espada; Mas la lengua de los sabios es medicina"*. La fe cree: *Estoy sano*; y no: *Voy a ser sanado*. La fe se apropia de la sanidad. Asegúrate de que las palabras que hables concuerden con la sanidad por la que estás creyendo, sin importar cuáles sean tus síntomas o lo que digan los médicos, tu familia, tus amigos ni cualquier otra persona.

A algunos les han enseñado que todos tienen un modo y un momento específicos en que deberán morir, y eso es lo que creen. Toman como referencia Hebreos 9:27, que dice: *"Y de la manera que está establecido para los hombres que mueran una sola vez, y después de esto el juicio"*. Pero este versículo no se refiere a que Dios elija un día o tiempo determinados para que alguien muera, sino más bien, a que morimos solo una vez. Salmos 91:16, dice: *"Lo saciaré de larga vida, Y le mostraré mi salvación"*.

El deseo de nuestro Padre celestial es que tengamos Su provisión de salud en nuestras vidas, y es por eso que hay tantas escrituras donde nos dice cómo hacerlo:

Proverbios 3:1, 2.

¹ Hijo mío, no te olvides de mi ley, Y tu corazón guarde mis mandamientos;

² Porque largura de días y años de vida Y paz te aumentarán.

Proverbios 9:11: *"Porque por mí se aumentarán tus días, Y años de vida se te añadirán"*.

Salmos 91:14-16

¹⁴ Por cuanto en mí ha [se refiere a nosotros] *puesto su amor, yo* [Dios] *también lo libraré; Le pondré en alto, por cuanto ha conocido mi nombre.*

¹⁵ Me invocará, y yo le responderé; Con él estaré yo en la angustia; Lo libraré y le glorificaré.

¹⁶ Lo saciaré de larga vida, Y le mostraré mi salvación.

Nadie podrá mantener su sanidad si no desarrolla una fe personal en la santa Palabra de Dios. Si los síntomas reaparecen, tienes que resistirlos y reprenderlos con la Palabra de Dios. Cuando lo comiences a hacer, será importante que recuerdes que estas son instrucciones de Dios. El solo hecho de que la Palabra de Dios nos diga que así va a funcionar, hace que valga la pena ponerlo en acción.

Dios nos dice que atendamos a Su Palabra, y este es el punto de partida para cada uno de nosotros. Al hacerlo, dado que efectivamente podemos hacerlo, disfrutaremos la provisión de sanidad y salud.

Capítulo 13
El ámbito natural y el ámbito sobrenatural

Existen dos ámbitos con los que debemos tratar: el natural y el sobrenatural, el visible y el invisible, el temporal y el eterno. Cuando necesitas un milagro, tu respuesta no vendrá del ámbito natural, sino del sobrenatural. 2 Corintios 4:18, dice: *"Mientras no miramos las cosas que se ven, sino las que no se ven, porque las cosas que se ven son temporales; pero las cosas que no se ven son eternas".*

El ojo natural solo nos permite ver el ámbito natural, pero con el ojo de la fe podemos ver el ámbito sobrenatural. 2 Corintios 5:7, dice: *"(porque por fe andamos, no por vista)…",* lo que significa que no es por los sentidos físicos. Las cosas del Espíritu prevalecen sobre las cosas del ámbito natural. Debemos aprender a considerar la Palabra de Dios que proviene del Espíritu de Dios. El milagro de la sanidad existe y nos pertenece gracias a la obra que Jesucristo hizo en el Calvario, y pertenece al ámbito sobrenatural. La Palabra de Dios nos dice: *"Bendito sea el Dios y Padre de nuestro Señor Jesucristo, que nos bendijo con toda bendición espiritual en los lugares celestiales en Cristo"* (Ef. 1:3).

La fe es lo que trae las promesas y provisiones de Dios desde el ámbito invisible al ámbito de lo visible.

Hebreos 11:1, 3, 7

¹ Es, pues, la fe la certeza de lo que se espera, la convicción de lo que no se ve.

> *³ Por la fe entendemos haber sido constituido el universo por la palabra de Dios, de modo que lo que se ve fue hecho de lo que no se veía.*
>
> *⁷ Por la fe Noé, cuando fue advertido por Dios acerca de cosas que aún no se veían, con temor preparó el arca en que su casa se salvase; y por esa fe condenó al mundo, y fue hecho heredero de la justicia que viene por la fe.*

Dios se mueve en el ámbito sobrenatural, que es más real y poderoso que lo que se puede ver. La fe es de Dios, y proviene de la Palabra de Dios. La recibimos en nuestro espíritu, desde donde se extiende hacia el ámbito espiritual y recibe de Dios lo que es del Espíritu. La fe echa mano de las cosas que Dios prometió cuando aún no se ven en lo natural (2 Co. 4:18).

En Efesios 1 el apóstol Pablo nos dice muchas verdades, y luego ora lo siguiente:

Efesios 1:17-23

> *¹⁷ Para que el Dios de nuestro Señor Jesucristo, el Padre de gloria, os dé espíritu de sabiduría y de revelación en el conocimiento de él,*
>
> *¹⁸ alumbrando los ojos de vuestro entendimiento, para que sepáis cuál es la esperanza a que él os ha llamado, y cuáles las riquezas de la gloria de su herencia en los santos,*
>
> *¹⁹ y cuál la supereminente grandeza de su poder para con nosotros los que creemos, según la operación del poder de su fuerza,*
>
> *²⁰ la cual operó en Cristo, resucitándole de los muertos y sentándole a su diestra en los lugares celestiales,*
>
> *²¹ sobre todo principado y autoridad y poder y señorío, y sobre todo nombre que se nombra, no sólo en este siglo, sino también en el venidero;*
>
> *²² y sometió todas las cosas bajo sus pies, y lo dio por cabeza sobre todas las cosas a la iglesia,*
>
> *²³ la cual es su cuerpo, la plenitud de Aquel que todo lo llena en todo.*

Dios quiere que vivamos todo lo que se nos revela en el libro de Efesios, pero no podemos hacerlo en el ámbito natural. El ojo natural no nos permite ver cosas como el aire o el viento, pero sí podemos ver sus efectos y sabemos que existen. Son reales. También hay cosas espirituales que aunque no podemos ver con el ojo natural, son tan reales como el aire o el viento; este es el caso de los ángeles. Los ángeles son poderosos; son espíritus ministradores, tal como dice Hebreos 1:14. Salmos 91:11, dice: *"Pues a sus ángeles mandará acerca de ti, Que te guarden en todos tus caminos"*. Salmos 34:7, dice: *"El ángel de Jehová acampa alrededor de los que le temen, Y los defiende"*. Salmos 103:20, dice: *"Bendecid a Jehová, vosotros, sus ángeles, Poderosos en fortaleza, que ejecutáis su palabra, Obedeciendo a la voz de su precepto"*. Ahora mismo, sus oídos están sintonizados con nuestras palabras. Podemos hablar en armonía con la Palabra de Dios dándoles algo que ejecutar, o podemos hablar en contra de Su Palabra entorpeciéndoles su ministerio en nuestra vida.

Satanás y sus espíritus demoníacos están obrando en la tierra en este tiempo, pero Jesús ya los derrotó por nosotros. Colosenses 2:15, dice: *"y despojando a los principados y a las potestades, los exhibió públicamente, triunfando sobre ellos en la cruz"*. 1 Juan 3:8, dice: *"...Para esto apareció el Hijo de Dios, para deshacer las obras del diablo"*.

Las cosas del espíritu son reales. Dios es real. Jesús es real. La Palabra de Dios es real. El Espíritu Santo es real. Los ángeles son reales. Todos ellos están aquí ahora, y están listos para ayudarnos.

Esperar a ver algo en el ámbito natural, o a sentir algo antes de creer que recibes lo que Cristo Jesús te ha provisto, no es fe bíblica ni tampoco es recibir por fe. Hebreos 11:1, dice: *"Es, pues, la fe la certeza de lo que se espera, la convicción de lo que no se ve"*.

La fe de Abraham tuvo una acción correspondiente, porque él no consideró su propio cuerpo, sino que le creyó a Dios.

Romanos 4:3, 18, 19

> *³ Porque ¿qué dice la Escritura? Creyó Abraham a Dios, y le fue contado por justicia.*

> *¹⁸ El creyó en esperanza contra esperanza, para llegar a ser padre de muchas gentes, conforme a lo que se le había dicho: Así será tu descendencia.*

> *¹⁹ Y no se debilitó en la fe <u>al considerar su cuerpo, que estaba ya como muerto</u> (siendo de casi cien años , <u>o la esterilidad de la matriz de Sara</u>.*

Cuando el apóstol Santiago habla de la fe que no tiene acciones correspondientes la llama una "fe muerta".

Santiago 2:17, 26, dice:

> *17 Aunque la fe, si no tiene obras, está muerta, estando sola.*
>
> *26 Porque como el cuerpo sin espíritu está muerto, así también la fe sin obras está muerta.*

Lo que nos corresponde hacer hoy es descubrir lo que Dios ha prometido, y lo que Jesucristo ha provisto. Tenemos fe en Su obra, y actuamos en base a ella al tomar y aceptar esa provisión como nuestra. Recibimos y participamos de Su obra cuando aún no se ve ni se siente.

No podemos esperar a no tener síntomas para creer que hemos recibido nuestra sanidad o que nuestras necesidades han sido suplidas. Si ahora mismo creemos que hemos recibido nuestra sanidad, le estaremos dando al Espíritu de Dios la posibilidad de obrar algo en nosotros. Cuando creemos lo que dicen Isaías 53:5: *"Mas él herido fue por nuestras rebeliones, molido por nuestros pecados; el castigo de nuestra paz fue sobre él, y por su llaga fuimos nosotros curados"*, y 1 Pedro 2:24: *"quien llevó él mismo nuestros pecados en su cuerpo sobre el madero, para que nosotros, estando muertos a los pecados, vivamos a la justicia; y por cuya herida fuisteis sanados"*, y lo aceptamos como propio, debemos declarar y confesar estas verdades continuamente, mientras Dios lleva a cabo Su obra en nosotros por medio de Su Espíritu Santo.

Esto fue lo que hiciste para nacer de nuevo y recibir vida eterna. Creíste en tu corazón que Jesús es el Hijo de Dios, que llevó tus pecados en la cruz y que fue resucitado de entre los muertos; lo confesaste como tu Señor, y fuiste salvo. Jesús le explicó a un hombre religioso qué es lo que ahí ocurre.

Juan 3:3-6

> *3 Respondió Jesús y le dijo: De cierto, de cierto te digo, que el que no naciere de nuevo, no puede ver el reino de Dios.*
>
> *4 Nicodemo le dijo: ¿Cómo puede un hombre nacer siendo viejo? ¿Puede acaso entrar por segunda vez en el vientre de su madre, y nacer?*
>
> *5 Respondió Jesús: De cierto, de cierto te digo, que el que no naciere de agua y del Espíritu, no puede entrar en el reino de Dios.*
>
> *6 Lo que es nacido de la carne, carne es; y lo que es nacido del Espíritu, espíritu es"*

El ámbito natural y el ámbito sobrenatural

El Espíritu Santo fue quien realizó esta gran obra en ti cuando creíste y actuaste en base a la Palabra de Dios. Esto es algo sobrenatural, y es el Espíritu de Dios quien lo lleva a cabo. De la misma manera, el Espíritu de Dios será quien hará la obra de sanidad en ti. La sanidad que Dios obra es sobrenatural. Es tan sobrenatural como lo es el nuevo nacimiento, y la lleva a cabo el mismo Espíritu Todopoderoso de Dios.

Romanos 8:2, 11

²Porque la ley del Espíritu de vida en Cristo Jesús me ha librado de la ley del pecado y de la muerte.

¹¹ Y si el Espíritu de aquel que levantó de los muertos a Jesús mora en vosotros, el que levantó de los muertos a Cristo Jesús vivificará también vuestros cuerpos mortales por su Espíritu que mora en vosotros.

Cuando naciste de nuevo te convertiste en un heredero de la obra completa de Jesucristo, y fuiste hecho apto para participar de todas las promesas de Dios (Col. 1:12). Pero no basta con ser heredero, porque para poder disfrutar de las provisiones dispuestas para ti tendrás que reclamar tu herencia. Es esto, tal como reclamarías una herencia terrenal, lo que te llevará a recibir sanidad para tu cuerpo.

Antes de que podamos sentirnos físicamente sanos, tenemos que vernos de esa manera en la Palabra de Dios y por la obra de Cristo en el Calvario. La Palabra de Dios es el espejo donde debemos mirarnos.

Santiago 1:23-25

²³ Porque si alguno es oidor de la palabra pero no hacedor de ella, éste es semejante al hombre que considera en un espejo su rostro natural.

²⁴ Porque él se considera a sí mismo, y se va, y luego olvida cómo era.

²⁵ Mas el que mira atentamente en la perfecta ley, la de la libertad, y persevera en ella, no siendo oidor olvidadizo, sino hacedor de la obra, éste será bienaventurado en lo que hace".

No debemos mirar las cosas que se ven en lo natural, sino la Palabra de Dios que es eterna. Tal como dice 2 Corintios 4:18, *"no mirando nosotros las cosas que se ven, sino las que no se ven; pues las cosas que se ven son temporales, pero las que no se ven son eternas".*

¿Qué cosas son eternas? La obra redentora de Cristo fue una obra eterna, tal como dice Hebreos 9:12, entonces nuestra prioridad debiera ser la Palabra de Dios. Asimismo, Hebreos 11:3, dice: *"Por la fe entendemos haber sido constituido el universo por la palabra de Dios, de modo que lo que se ve fue hecho de lo que no se veía".*

Tu ayuda proviene de Aquel que creó los cielos y la tierra. El Espíritu del Señor es el que te cambia a medida que te miras en la Palabra de Dios.

2 Corintios 3:17, 18, dice:

> *17 Porque el Señor es el Espíritu; y donde está el Espíritu del Señor, allí hay libertad.*
>
> *18 Por tanto, nosotros todos, mirando a cara descubierta como en un espejo la gloria del Señor, somos transformados de gloria en gloria en la misma imagen, como por el Espíritu del Señor.*

No esperes ver el resultado final de tu sanidad, es decir, su manifestación física, antes de creer y aceptarla por fe en la obra de Cristo. Tienes que mantener tu enfoque en Jesús y en la obra terminada que hizo por ti cuando fue a la cruz y obtuvo redención eterna para todo aquel que cree.

Es importante saber que no estamos limitados a recibir solo ayuda natural. La ayuda sobrenatural del Señor está disponible para nosotros, pero debemos acceder a ella mediante la fe.

Capítulo 14
Cómo recibir la provisión de Dios

LA PALABRA DE DIOS ES LA SEMILLA QUE PRODUCIRÁ LA COSECHA QUE NECESITAS

Jesús, el Hijo de Dios, nos enseña cómo obtener la cosecha para suplir todas nuestras necesidades. Jesús también nos explica por qué hay algunos que no reciben su cosecha. Nos dice que Satanás viene a robar la Palabra, o a ahogarla, para impedirnos recibir la provisión de Dios.

La Biblia dice que en la tierra operan dos reinos espirituales: el reino de Dios, y el reino de Satanás. Al reino de Dios se le llama luz, y al reino de Satanás se le llama tinieblas. Todo aquel que nace del Espíritu de Dios y por la fe en Cristo entra al reino de Dios.

En Juan 3:3, Jesús dice: *"...el que no naciere de nuevo, no puede ver el reino de Dios"*. Luego, en Juan 3:5, 6, Jesús continúa diciendo a Nicodemo:

> *⁵ el que no naciere de agua y del Espíritu, no puede entrar en el reino de Dios.*
>
> *⁶ Lo que es nacido de la carne, carne es; y lo que es nacido del Espíritu, espíritu es.*

Esta es una obra que el Espíritu Santo lleva a cabo en nuestro espíritu.

Cómo vivir y no morir

Romanos 10:9, 10

⁹ que si confesares con tu boca que Jesús es el Señor, y creyeres en tu corazón que Dios le levantó de los muertos, serás salvo.

¹⁰ Porque con el corazón se cree para justicia, pero con la boca se confiesa para salvación.

Si has hecho lo que dice Romanos 10:9-10, has nacido del Espíritu y te has convertido en un heredero de todo lo que Cristo proveyó mediante Su muerte, sepultura y resurrección. Pero hacerlo una realidad no es algo que ocurre automáticamente. La falta de conocimiento, la falta de práctica, o la falta de perseverancia pueden impedir que recibas tu herencia. Si en este mundo te hubieran legado una gran herencia y no lo supieras, o no supieras cómo obtenerla, ella no te beneficiaría. Lo mismo ocurre en el reino de Dios. Tenemos que conocer los beneficios de nuestro reino, y debemos aprender a obtenerlos.

Por medio de la obra terminada de Cristo en el Calvario, Dios ha provisto una rica herencia que suple todas las necesidades que pudieras tener en tu espíritu, en tu alma y en tu cuerpo.

Por medio de la obra terminada de Cristo en el Calvario, Dios te ha provisto una rica herencia que suple todas las necesidades que pudieras tener en tu espíritu, en tu alma y en tu cuerpo. Jesús pagó el precio total de esta herencia. Él explica en Marcos 4:11 cómo opera el reino de Dios. Jesús dice que Su Palabra es la "semilla" que se debe recibir en el corazón para producir una cosecha. Además, Él expone quién es nuestro enemigo y cuáles son las artimañas que usa procurando robar o ahogar la Palabra en nuestras vidas. Jesús nos enseña que quienes tenemos oídos para oír y un corazón abierto y dispuesto para recibir Su Palabra podemos aprender la forma en que opera el reino. Yo recibí mi sanidad gracias al entendimiento y la revelación de estas verdades, y a haberlas puesto por obra; y gracias a ello continúo recibiendo la provisión de Dios para suplir todas mis necesidades.

Jesús dijo que el entendimiento de este mensaje es algo dado a quienes están en el reino, y quienes están fuera del reino no pueden entenderlo. ¿Por qué ocurre esto? Salmos 10:4, dice: *"El malo, por la altivez de su rostro, no busca a Dios…"*. En Proverbios 10:28, Dios nos dice quién es el malo o malvado: *"La esperanza del* [rigurosamente] *justo* (el recto, que está en una relación correcta con Dios) *es alegría, pero la expectativa de los malvados* (aquellos que están en discordancia con Dios) *se extingue"* (AMPC). Salmos 119:155, declara: *"Lejos está de los impíos la salvación, Porque no buscan tus estatutos"*. Dios no está en sus pensamientos.

En Marcos 4:14, Jesús nos dice: *"El sembrador es el que siembra la palabra"*. Además, en Marcos 4:15, nos dice: *"Y éstos son los de junto al camino: en quienes se siembra la palabra, pero después que la oyen, en seguida viene Satanás, y quita la palabra que se sembró en sus corazones"*. En el Libro de Marcos encontramos los diversos métodos que usa Satanás para robar la Palabra o para ahogarla, y evitar así que produzca fruto en nuestra vida.

Marcos 4:16-19

[16] Estos son asimismo los que fueron sembrados en pedregales: los que cuando han oído la palabra, al momento la reciben con gozo;

[17] pero no tienen raíz en sí, sino que son de corta duración, porque cuando viene la tribulación o la persecución por causa de la palabra, luego tropiezan.

[18] Estos son los que fueron sembrados entre espinos: los que oyen la palabra,

[19] pero los afanes de este siglo, y el engaño de las riquezas, y las codicias de otras cosas, entran y ahogan la palabra, y se hace infructuosa.

Si bien las Palabras de Dios son semillas, las palabras del enemigo también lo son. Proverbios 18:21, declara: *"La muerte y la vida están en poder de la lengua [palabras]; Y el que la ama comerá de sus frutos"*. La manera en que sembramos la Palabra de Dios en nuestro corazón es viendo qué dice, viendo lo que Él [Jesús] ha provisto, y apropiándonos de ello. ¡No debemos sembrar las palabras de Satanás en nuestro corazón pensando, meditando, prestando atención o hablando de lo suyo! No debemos poner nuestra atención en las circunstancias, sino en Jesús y en Su Palabra. Quienes fijemos nuestra mirada en Jesús y en Su obra hecha por nosotros seremos perdonados, liberados y sanados. Jesús dijo:

Juan 3:14-17

[14] Y como Moisés levantó la serpiente en el desierto, así es necesario que el Hijo del Hombre sea levantado,

¹⁵ para que todo aquel que en él cree, no se pierda, mas tenga vida eterna.

¹⁶ Porque de tal manera amó Dios al mundo, que ha dado a su Hijo unigénito, para que todo aquel que en él cree, no se pierda, mas tenga vida eterna.

¹⁷ Porque no envió Dios a su Hijo al mundo para condenar al mundo, sino para que el mundo sea salvo por él".

Tal como los israelitas miraron fijamente la serpiente en la asta y fueron salvados de morir (Nm. 21:6-9), nosotros también debemos fijar nuestra mirada en *"… Jesús, el autor y consumador de la fe…"* (Heb. 12:2) para que seamos salvados, liberados, sanados y tengamos plenitud.

En Marcos 4:20 Jesús describe qué terreno del corazón necesitamos para poder alcanzar nuestra cosecha: *"Y éstos son los que fueron sembrados en buena tierra: los que oyen la palabra y la reciben, y dan fruto a treinta, a sesenta, y a ciento por uno".* A mi modo de ver, la cosecha que dará la semilla dependerá del terreno del corazón y de la atención que demos a la semilla. Porque la semilla, que es la Palabra de Dios, siempre es capaz de producir al ciento por uno; y vemos así que los que reciben su cosecha son aquellos que no renuncian a la semilla de la Palabra.

Si estás teniendo problemas en dejar que la Palabra se arraigue en tu corazón, sigue el mandato que hace Dios en Oseas 10:12: *…haced para vosotros barbecho; porque es el tiempo de buscar a Jehová, hasta que venga y os enseñe justicia".* La manera en que haces barbecho es abriendo tu corazón y recibiendo la Palabra de Dios.

La forma en que oímos marca la diferencia entre recibir lo que necesitamos o quedarnos con las manos vacías. En Marcos 4:23, Jesús dice: *"Si alguno tiene oídos para oír, oiga".* Todos tenemos oídos, pero no todos tomamos la decisión de oír y tomarlo en serio. A partir de esto podemos ver que debemos tomar la decisión de oír y recibir la Palabra del Señor. Debemos recibir Su Palabra, entendiendo que en ella Dios nos está hablando personalmente.

También nos dice: *"Mirad* [nosotros] *lo que oís"* (Mc. 4:24). Esto tiene que ver con el contenido de lo que oímos. En la parábola del sembrador, en Lucas 8:18, Jesús nos advierte que prestemos atención a <u>cómo</u> oímos. Esto tiene que ver con nuestra actitud. Por lo tanto, siempre debemos oír Su Palabra y recibirla con un corazón abierto y receptivo.

Cómo recibir la provisión de Dios

Continuando en Marcos 4:24, Jesús dice: *"y aun se os añadirá a vosotros los que oís"*. En Marcos 4:25, dice: *"Porque al que tiene, se le dará; y al que no tiene* [y podríamos decir aquí, aquel que no tiene oídos para oír], *aun lo que tiene se le quitará"*.

Quien roba la Palabra de aquellos que no la oyen o no se aferran a ella es Satanás, tal como leemos en Marcos 4:15. Jesús nos dice que el reino de Dios opera así.

Marcos 4:26-29

²⁶ Así es el reino de Dios, como cuando un hombre echa semilla en la tierra;

²⁷ y duerme y se levanta, de noche y de día, y la semilla brota y crece sin que él sepa cómo.

²⁸ Porque de suyo lleva fruto la tierra, primero hierba, luego espiga, después grano lleno en la espiga;

²⁹ y cuando el fruto está maduro, en seguida se mete la hoz, porque la siega ha llegado.

No tenemos que entender la manera en que la semilla producirá una cosecha. Solo tenemos que sembrar la semilla con fe, y esperar la cosecha. Aunque yo no entendía cómo Dios iba a quitar la espondilitis de mis huesos, fortalecer nuevamente mis músculos, o eliminar la artritis de mis rodillas y articulaciones, tuve que dejar de preguntarme cómo lo haría. Tenía que llegar a un estado de plena confianza y fe en la semilla. Cuando te detienes y consideras que la semilla es la Palabra de Dios, te das cuenta de que es infalible y todopoderosa, que está viva y que da vida.

De acuerdo con Marcos 4:28, necesitas tener paciencia y confianza en la Palabra que estás sembrando en tu corazón: *"Porque de suyo lleva fruto la tierra, primero hierba, luego espiga, después grano lleno en la espiga;"*. No renuncies a la semilla si no ves la cosecha completa en una noche, o en una semana, o en un mes. Mantén tu confianza y tu fe en la semilla, porque esta es la Palabra de Dios que no puede fallar. Él es fiel a Su Palabra de generación en generación. Muchos no logran recibir su cosecha porque renuncian demasiado pronto a la semilla. Si yo hubiera renunciado a la Palabra luego de una semana, un mes o un año, jamás habría visto el cumplimiento de mi sanidad. La sanidad puede venir en un instante, o puede venir progresivamente con el paso del tiempo. ¿Cuánto tiempo tendrás que aferrarte a la promesa de que por las llagas de Jesús fuiste sanado (ya fue hecho, sin importar cuáles sean los síntomas que aparezcan)? Persevera hasta que la sanidad sea completa. Aún después de eso deberás aferrarte a la Palabra de sanidad, porque Satanás seguirá intentando robártela.

> **Persevera hasta que la sanidad sea completa. Aún después de eso deberás aferrarte a la Palabra de sanidad, porque Satanás seguirá intentando robártela.**

Marcos 4:29, concluye: *"y cuando el fruto está maduro, en seguida se mete la hoz, porque la siega ha llegado"*. La cosecha se refiere a la manifestación total y completa de aquello para lo cual has estado sembrando la semilla, ya sea sanidad o algo más. Es así como opera el reino de Dios.

Aunque había sido cristiana desde muy pequeña, durante gran parte de mi vida no entendí el mensaje de Marcos 4 y Lucas 8. Pensaba que para tener una vida de victoria, bastaba con que fuera a la iglesia, leyera mi Biblia y orara. Pensaba que la voluntad que Dios tenía para mi vida se haría automáticamente. Pero para que puedas tener una cosecha de victoria sobre todas las obras del enemigo, debes sembrar la semilla de la Palabra de Dios en tu corazón, y cuidarla hasta que obtengas la cosecha que necesitas. Si no logras que la semilla de la Palabra de Dios entre en la tierra que es tu corazón, manteniéndola ahí para que crezca, no tendrás las cosechas que deseas. Dios y Su Palabra (semilla) son uno. Cuando nuestra fe persevera en Su Palabra, Él siempre la llevará acabo en nosotros.

Isaías 55:10, 11

> *¹⁰ Porque como desciende de los cielos la lluvia y la nieve, y no vuelve allá, sino que riega la tierra, y la hace germinar y producir, y da semilla al que siembra, y pan al que come,*
>
> *¹¹ así será mi palabra que sale de mi boca; no volverá a mí vacía, sino que hará lo que yo quiero, y será prosperada en aquello para que la envié.*

Mientras la semilla no se reciba en el corazón, que es la tierra, no funcionará en nuestra vida. La vida está en la semilla. Esta no produce cuando se deja sobre un estante, ni siquiera por el hecho de leerla. Permite que la semilla (la Palabra de Dios) se arraigue en ti para que haya una cosecha. Saca las espinas, que son las ofensas y los afanes de esta vida. Siembra la semilla para la cosecha que necesites.

Cómo recibir la provisión de Dios

Jesús dijo que el reino de Dios opera así, y si tan solo siembras la semilla con expectación y le permites crecer y prevalecer, también funcionará en tu vida.

El apóstol Pablo nos dice cómo debemos recibir la Palabra de Dios para que actúe en nuestras vidas. En 1 Tesalonicenses 2:13, luego de proclamar la Palabra de Dios a la gente, Pablo dijo: *"Por lo cual también nosotros sin cesar damos gracias a Dios, de que cuando <u>recibisteis la palabra de Dios</u> que <u>oísteis</u> de nosotros, la recibisteis no como palabra de hombres, sino según es en verdad, la palabra de Dios, la cual <u>actúa en vosotros los creyentes</u>"*.

No se trata de solo asentir mentalmente a la veracidad de la Palabra de Dios. Se trata de que la <u>oigas</u> y la <u>recibas</u> como Dios hablándote. Luego debes <u>creerla</u> y <u>aplicarla</u> en tu vida. Cuando la recibas de esta manera, ella producirá la cosecha que necesitas. Muchas personas necesitan desesperadamente una cosecha de las promesas de Dios, pero no pasan tiempo en Su Palabra sembrando la semilla en sus corazones. La fe viene por el oír, y el oír, por la Palabra de Dios (Ro. 10:17). La cosecha llega cuando pones esta Palabra dentro de ti. En 1 Pedro 1:23, se llama a la Palabra de Dios la semilla incorruptible: *"siendo renacidos, no de simiente corruptible, sino de incorruptible, por la palabra de Dios que vive y permanece para siempre"*. La Palabra deDios es la semilla que lo cambia todo. Cuando la siembres en tu corazón producirá la cosecha que necesitas para el rescate, la seguridad, la protección, la sanidad, la luz, la percepción, el entendimiento, la paz mental, la paz del corazón, y la liberación del temor y de la esclavitud. Aparte de la Palabra de Dios no existe nada que pueda producir fe y echar mano de las promesas.

Para que puedas obtener una cosecha de la Palabra de Dios, primero debes abrir tu corazón para recibir ahí la semilla. Incluso cuando se habla de una semilla natural, nunca producirá una cosecha si primero no es sembrada. A mí me gusta cultivar un huerto cada año, y siempre siembro la semilla que corresponde a la cosecha que deseo. Tengo certeza de que la semilla que siembre producirá la cosecha que quiero, ya sea un tomate o un pimiento. Es triste, pero muchas personas confían más en una semilla natural que en la Palabra viva de Dios. No tienen ningún problema con que el agricultor gaste todo lo que tiene en comprar semillas para sembrar, con la gran expectativa de tener una cosecha. Pero muchos creen que es extraño que alguien siembre la semilla incorruptible de la Palabra de Dios en su corazón, con la expectativa de tener una cosecha.

La Palabra de Dios no ha cambiado. La obra de Jesucristo no ha cambiado. Jesús es el mismo ayer, hoy y siempre (Heb. 13:8). Dios quiere hacer en nosotros todo lo que Cristo hizo por nosotros. Si eres un hijo de Dios, la provisión total de Cristo te pertenece ahora. Si aún no has renacido, la voluntad de Dios es que nazcas de nuevo al reino de Dios, porque entonces tú también serás heredero de todo lo que Cristo hizo. ¡Alabado sea Dios!

Capítulo 15

Viviendo por la fe

La base de nuestra fe debe ser siempre la Palabra de Dios. En Romanos 1:17, se nos dice que el justo vivirá por la fe.

Romanos 1:16, dice: *"Porque no me avergüenzo del evangelio, porque es poder de Dios para salvación a todo aquel que cree; al judío primeramente, y también al griego"*.

Gálatas 3:11, dice: *"Y que por la ley ninguno se justifica para con Dios, es evidente, porque: El justo por la fe vivirá"*. Este versículo habla de la ley mosaica en el Antiguo Testamento; pero dado que Cristo ha venido, ahora debemos vivir por fe en la obra terminada que Jesucristo llevó a cabo por nosotros en la redención.

No podemos vivir por fe sin oír y recibir la Palabra de Dios. Romanos 10:17, dice: *"Así que la fe es por el oír, y el oír, por la palabra de Dios"*. La Palabra escrita de Dios es Dios hablando a nosotros. Cuando Su Palabra entra en nuestro corazón, nuestra fe crece.

El principal obstáculo para la fe es la falta de conocimiento de la Palabra de Dios. La fe comienza donde la voluntad de Dios es conocida (F. F. Bosworth). Es en Su Palabra donde Dios nos revela Su voluntad. De modo que si conocemos Su Palabra, podremos conocer Su voluntad.

Vivir por fe es caminar en la luz de la Palabra de Dios. Si quieres caminar y vivir por fe, debes permitir que la Palabra de Dios tenga dominio en tu vida. Ella debe gobernar tu vida. Lo que trae las promesas y provisiones a cada una de nuestras vidas es la fe que está puesta en Dios y en Su Palabra.

En el capítulo 11 de Hebreos vemos los resultados de la fe. Vemos la fe en acción en la vida de hombres y mujeres del pasado que en su generación simplemente oyeron a Dios, creyendo y obedeciendo lo que Él les habló; hombres y mujeres como tú y yo que solo actuaron conforme a la Palabra de Dios. En esas generaciones nadie creyó a Dios ni tuvo fe, excepto quienes se encuentran en Hebreos 11 que escogieron creerle a Dios, y fueron llamados hombres y mujeres de fe.

La fe consiste en creer y actuar en base a la Palabra de Dios. En Hebreos 11:1, vemos la definición de fe que da Dios: *"Es, pues, la fe la certeza de lo que se espera, la convicción de lo que no se ve"*. Este versículo nos dice que cuando se trata de la verdadera fe bíblica, muy a menudo deberá transcurrir un período de tiempo desde el momento en que creamos y actuemos conforme a la Palabra de Dios, hasta que podamos ver y sentir el resultado final de nuestra fe. Durante esos períodos de tiempo, la Palabra de Dios será la única evidencia con que contaremos para dar sustancia a lo que deseamos, hasta que llegue a realizarse.

En Génesis 17:1-6, Dios le dijo a Abram que a partir de ese momento debería llamarse Abraham, que en hebreo significa "el padre de una gran multitud". Ello requirió una gran fe, porque Abram y su esposa Sarai no tenían hijos, y desde el punto de vista natural, no podían tenerlos. Pero debido a que Abram creyó y obedeció a Dios, él y Sarai tuvieron un hijo en su vejez. Se nos dice que debemos caminar en la clase de fe de Abraham, y lo comentaremos con más detalle en un capítulo aparte.

Efesios 2:8, 9, nos dice:

⁸ Porque por gracia sois salvos por medio de la fe; y esto no de vosotros, pues es don de Dios;

⁹ no por obras, para que nadie se gloríe.

Entonces, también es por gracia (favor inmerecido) por medio de la fe que recibimos todas las provisiones y bendiciones que Cristo obtuvo para nosotros.

Romanos 10:10, dice: *"Porque con el corazón se cree para justicia, pero con la boca se confiesa <u>para</u> salvación"*. La confesión de la Palabra de Dios tiene una importancia decisiva en llegar a experimentar esta gran salvación.

Viviendo por la fe

Yo necesitaba tener una revelación del significado completo de la salvación (Jesucristo, el que fue llamado Salvación por los profetas) y de todo lo que hoy incluye; esto es, rescate o seguridad (en el ámbito físico o moral): liberación, **salud**, rescatar, que guarda.

Una vez que entendí esta verdad, recibí sanidad, tal como otras veces había obtenido la protección que la salvación ofrece. Sabía que estaba sana, aun cuando muchos de los síntomas seguían presentes en mi cuerpo.

Nuestro acceso a todas las bendiciones de Dios sigue siendo la fe en la Palabra de Dios y en la obra completa de Cristo. Cuando leas la Palabra de Dios, busca lo que Cristo hizo por ti en Su obra eterna. Créelo y aprópiatelo por medio de la fe. Necesitamos desarrollar una confianza inquebrantable en la gran obra que Jesús hizo por nosotros en la cruz, y debemos apropiarnos de ella. Así, el Espíritu Santo podrá llevarla a cabo en nuestras vidas.

Romanos 10:10 nos dice que debemos creer y confesar lo que Dios dice acerca de nosotros para que esto pueda llevarse a cabo en nuestras vidas. Tenemos que decir lo mismo que dice Dios. Debemos creer y confesar para poder experimentar el resultado final. ¿Por qué es necesario confesar? Porque este versículo dice que se confiesa <u>para</u> salvación. Cree lo que Dios dice de ti, y llámate tal como Él lo hace. Tendrás que hacerlo para que puedas llegar a ver o sentir aquello por lo cual estás creyendo. Hebreos 10:23, dice: *"Mantengamos firme, sin fluctuar, la profesión* [confesión] *de nuestra esperanza, porque fiel es el* [Dios] *que prometió"*. ¿Cómo puedes mantenerte firme? Sin soltar jamás lo que Dios ha prometido.

> Esto es serio, no es un juego. Esta es una batalla de fe.

Debemos deshacernos de toda incredulidad. Debemos dejar de pensar y de hablar Todo lo que sea contrario a lo que Dios ha dicho. Debemos quitarlo de raíz, rechazarlo. Debemos derribar los pensamientos equivocados y la duda. La incredulidad no recibe las promesas de Dios. La incredulidad es fallar en creer y aceptar la Palabra de Dios.

Antes de que venga la manifestación debemos aceptar Su Palabra y saber que Él es fiel a ella de generación en generación (Sal. 119:89, 90).

Estoy muy agradecida de haber aprendido esta verdad acerca de la salvación y la verdadera fe bíblica. Gálatas 3:13, 14, nos dice que Cristo nos ha redimido de la maldición de la ley, y nos ha hecho herederos de todas las bendiciones por medio de Él y de la fe en Su obra. No te apropies de la maldición desenfrenada que hoy invade la tierra; fuiste redimido de ella. Recuerda que toda enfermedad está bajo la maldición.

En 1 Pedro 5:8, 9, se nos dice:

> *⁸ Sed sobrios, y velad; porque vuestro adversario el diablo, como león rugiente, anda alrededor buscando a quien devorar;*
>
> *⁹ al cual <u>resistid firmes en la fe</u>, sabiendo que los mismos padecimientos se van cumpliendo en vuestros hermanos en todo el mundo.*

Luego, Santiago 4:7, dice: *"Someteos, pues, a Dios; <u>resistid al diablo</u>, y huirá de vosotros"*. Entonces, en lugar de apropiarte de aquello de lo que fuiste redimido, resístelo, y toma lo que Cristo hizo por ti. Aférrate a la Palabra de Dios. Aférrate a Su anuncio. Esto es serio, no es un juego. Esta es una batalla de fe. Nunca pongas más énfasis en la manifestación que en la Santa Palabra escrita de Dios, o que en la obra que Cristo hizo por ti en la cruz. Solo mantén tu confianza en Dios y en Su Palabra, y la manifestación no se hará esperar. La bendición de la sanidad es tuya. Todo lo que la salvación incluye te pertenece.

La obra completa de Jesucristo te pertenece. Algunos niegan que la sanidad sea para nosotros en este tiempo; de esta manera niegan realmente una parte de la gran obra que Jesús hizo en la cruz por el mundo. Isaías 53:5, dice: *"Mas él herido fue por nuestras rebeliones, molido por nuestros pecados; el castigo de nuestra paz fue sobre él, y por su llaga fuimos nosotros curados"*. Hebreos 13:8, dice: *"Jesucristo es el mismo ayer, y hoy, y por los siglos"*. Su obra no ha cambiado, Él sigue sanando hoy. Si queremos caminar en todo lo que Jesús hizo por nosotros, debemos poner nuestra fe en ello. Romanos 4:25, dice: *"el cual [Jesús] fue entregado por nuestras transgresiones, y resucitado para nuestra justificación"*. Si actúas en base a Hebreos 10:23 y mantienes tu confesión sin fluctuar, Dios será fiel en hacer Su obra en ti.

Tu espíritu debe echar mano de la Palabra de Dios cuando aún no se ve (Heb. 11:1). Si lo que crees se basa en algo distinto de la Palabra de Dios, no tendrás la verdadera fe bíblica. En primer lugar oímos la Palabra de Dios y la recibimos. Luego, al estudiarla y meditar en ella, nuestra fe crecerá y por gracia y a través de la fe recibiremos todas las promesas de Dios. ¿Por qué alguien querría no obedecer la Palabra de Dios, si Jesús nos dice: *"El cielo y la tierra pasarán, pero mis palabras no pasarán"* (Mt. 24:35)? Y si todo lo que ves a tu alrededor pasará, ¿por qué no edificas tu vida sobre aquello que es seguro, la Palabra del Dios viviente? Su Palabra es más segura que el suelo sobre el que caminas.

En Isaías 53:5, Isaías profetizó que Él [Jesús] ya nos había sanado. Lucas 24:44, dice:

> *Y les dijo: Estas son las palabras que os hablé, estando aún con vosotros: que era necesario que se cumpliese todo lo que está escrito de mí en la ley de Moisés, en los profetas y en los salmos.*

Un día que estaba estudiando Lucas 24 llegué a este versículo, y el Espíritu Santo me recordó que Jesús mismo dijo haber cumplido todo lo que se había dicho de Él, incluso cuando Isaías profetizó que nos había sanado (Is. 53:5). Después de que Jesús había ascendido de nuevo al Padre, el apóstol Pedro nos dijo que por las llagas de Jesús fuimos sanados (1 P. 2:24). Isaías, Jesús y Pedro hablaron por Dios, de modo que todo el que diga la verdad deberá decir lo mismo.

Para poder caminar por fe debes entender qué es la fe, así que daremos un vistazo más detallado a Hebreos 11:1: *"Es, pues, la fe la certeza de lo que se espera, la convicción de lo que no se ve"*. Observa que en el texto original, la expresión "no se ve" significa que aún no se ha revelado a los sentidos físicos.

La fe no es una mera creencia o aceptación mental de la veracidad de la Palabra de Dios. *Eso espero, eso creo, quizás sea así*, no son expresiones de fe bíblica. La fe debe contener esperanza (expectativa ferviente) y evidencia (Palabra de Dios) antes de que pueda verse. Es por fe que te apropias de las promesas y provisiones de Dios, antes de que las veas o las sientas. Todos nosotros, los del Antiguo y los del Nuevo Pacto, debemos tener la Palabra de Dios como fundamento de nuestra fe. La verdadera fe bíblica consiste en depositar tu confianza en la Palabra escrita de Dios cuando aún no se ha revelado a los sentidos físicos o al ámbito de lo visible. Lo que dice Hebreos 11:7 es un buen ejemplo de esto: *"Por la fe Noé, cuando fue advertido por Dios acerca de cosas que aún no se veían, con temor [reverencia] preparó el arca en que su casa se salvase; y por esa fe condenó al mundo, y fue hecho heredero de la justicia que viene por la fe"*.

Si tu fe se basa en algo distinto de la Palabra de Dios, no va a funcionar. Sean los sentidos, ver, sentir, un asentimiento mental, razonamiento humano, incluso doctrinas de hombres, no será la verdadera fe bíblica. Todo lo que difiera de creer la Palabra de Dios con tu corazón, y de actuar conforme a ella, no será fe bíblica. Santiago 1:22, nos dice que poner por obra la Palabra de Dios es lo que traerá resultados. Por lo tanto, la fe que recibe es aquella que cree la Palabra de Dios y actúa conforme a ella.

Vivir por fe consiste en oír y hacer la Palabra escrita de Dios. Es actuar diariamente conforme a la Palabra que crees, aprendiendo de las Escrituras lo que Cristo Jesús hizo por ti, poniendo tu fe en ello y viviéndolo como una realidad.

Capítulo 16
Ponte de acuerdo con Dios

Juan 17:17: *"Santifícalos en tu verdad;* ***tu palabra es verdad****"*.

Cuando dices lo que la Palabra de Dios dice acerca de ti no estás mintiendo. Muchos creen que estarían mintiendo si dijeran que están sanos cuando no se sienten o parecen sanos. Yo misma pensaba así, pero al ir estudiando las Escrituras he descubierto que debo creer y decir lo que Dios dice de mí y lo que Él hizo por mí. Es así como la fe recibe lo que Dios ha provisto.

Desde el principio de los tiempos Dios declaró: *"...lo por venir desde el principio, y desde la antigüedad lo que aún no era hecho* [antes de que suceda]*..."* (Is. 46:10). Joel 3:10, nos dice: *"...diga el débil: Fuerte soy"*. Es por esto que cuando tú lo haces no estás mintiendo. Si dices, *Estoy sano*, no estás mintiendo, aun cuando los síntomas se estén propagando, porque la Palabra de Dios declara que en la obra de Cristo <u>somos</u> y <u>fuimos</u> sanados.

El fundamento de la fe es creer y confesar la Palabra de Dios, incluso cuando no veas ni sientas lo que Él ha prometido. De hecho, en Hebreos 11:1, Dios nos dice: *"Es, pues, la fe la certeza de lo que se espera, la convicción de lo que no se ve"*.

La fe llama las cosas que no son como si fueran. En el versículo mencionado de Isaías (Is. 46:10), podemos ver que así lo hizo Dios. Así lo hicieron todos los profetas. Jesús dice que **nosotros** también lo hagamos (Mc. 11:23). Pablo dice que así lo hace el espíritu de fe: *"Pero teniendo el mismo espíritu de fe, conforme a lo que está escrito: Creí, por lo cual hablé, nosotros también creemos, por lo cual también hablamos"* (2 Co. 4:13).

Pablo nos dice además hacia donde mira la fe, o cuál debiera ser su enfoque: *"no mirando nosotros las cosas que se ven, sino las que no se ven; pues las cosas que se ven son temporales, pero las que no se ven son eternas"* (2 Co. 4:18). Dios es eterno, la Palabra de Dios es eterna, y la obra de Jesucristo en la redención es una obra eterna (Heb. 9:12). Es esto lo que debemos mirar. Hebreos 12:2, nos dice que es Jesús quien debe ser nuestro enfoque: *"puestos los ojos en Jesús, el autor y consumador de la fe, el cual por el gozo puesto delante de él sufrió la cruz, menospreciando el oprobio, y se sentó a la diestra del trono de Dios"*.

Dios también nos dice: *"Mantengamos firme, sin fluctuar, la profesión de nuestra esperanza, porque fiel es el que prometió"* (Heb. 10:23). Debemos mantenernos siempre firmes en nuestras confesiones de fe. Cuando te aferras a algo no lo sueltas. Conforme a lo que leemos en Apocalipsis 12:11, esto se relaciona con poder vencer al enemigo que intenta impedir tu victoria: *"Y ellos le [al diablo] han vencido por medio de la sangre del Cordero y de la palabra del testimonio [confesión] de ellos, y menospreciaron sus vidas hasta la muerte"*.

Esta palabra en particular, "confesión" o "profesión", en el original en griego significa "decir lo mismo". Es creer y decir lo que Dios dice acerca de nuestros pecados y enfermedades, y sobre todo lo demás que incluye la salvación. La confesión consiste simplemente en creer con nuestro corazón y repetir con nuestros labios la misma declaración que hace Dios sobre lo que **tenemos** y sobre quiénes **somos** en Cristo. Dios quiere llevar a cabo en nosotros todo lo que en Cristo ya hizo por nosotros.

El calvario compró nuestra libertad. Solo debemos creer lo que Dios dice que ya hizo por nosotros, y actuar conforme a ello. Observa en el siguiente pasaje que la confesión (decir lo mismo que Dios dice) es por fe. Es decir, debemos creer y confesar antes de que podamos experimentar el resultado.

Romanos 10:8-10

> *⁸ Mas ¿qué dice? Cerca de ti está la palabra, en tu boca y en tu corazón. Esta es la palabra de fe que predicamos:*
>
> *⁹ que si confesares con tu boca que Jesús es el Señor, y creyeres en tu corazón que Dios le levantó de los muertos, serás salvo.*
>
> *¹⁰ Porque con el corazón se cree para justicia, pero con la boca se confiesa para salvación.*

Es hacer una confesión para nuestra salvación [rescate o seguridad (en el ámbito físico o moral): liberación, **salud**, rescatar, que guarda].

¿Por qué debemos hacer una confesión? Porque trae salvación. Esta es la manera en que Dios hace las cosas, no la del hombre. ¿Qué debemos confesar? Lo que Cristo hizo por nosotros. ¿Qué tan a menudo debemos confesarlo? Todo el tiempo, sobre todo cuando estemos en medio de una batalla. Al confesar estamos diciendo lo que Dios dice sobre nosotros. Esto nos ayudará a permanecer firmes en tiempo de prueba. Al hacer lo que dice Hebreos 10:23, estamos manteniendo nuestra confesión a pesar de toda evidencia que pueda ser contraria. Nos aferramos a la Palabra de Dios, y no soltamos nuestra confesión de Su Palabra mientras Él la lleva a cabo en nosotros. La sanidad es un proceso que comienza cuando crees y mantienes la Palabra de Dios en tu corazón. Si usas palabras de duda, o si no mantienes la Palabra de Dios en tu boca, podrías obstaculizar o aun llegar a detener el proceso.

Debemos decir lo que Dios dice de nosotros y, al mismo tiempo (la Biblia es muy clara al respecto), NO debemos hablar palabras de incredulidad o duda, tal como confesar los síntomas continuamente. Los siguientes versículos nos dicen que debemos estar de acuerdo con la Palabra de Dios, y hablarla.

1 Pedro 3:10: *"Porque: El que quiere amar la vida Y ver días buenos, Refrene su lengua de mal, Y sus labios no hablen engaño"*.

Hebreos 3:12, 19

¹² Mirad, hermanos, que no haya en ninguno de vosotros corazón malo de incredulidad para apartarse del Dios vivo;

¹⁹ Y vemos que no pudieron entrar a causa de incredulidad.

Nota: Esto es hablar incredulidad, lo cual Dios dice que es malo.

Proverbios 4:24: *"Aparta de ti la perversidad de la boca, Y aleja de ti la iniquidad de los labios"* (la perversidad y la iniquidad se refieren a que son contrarias a los oídos de Dios).

Salmos 34:11-13

¹¹ Venid, hijos, oídme; El temor de Jehová os enseñaré.

¹² ¿Quién es el hombre que desea vida, Que desea muchos días para ver el bien?

¹³ Guarda tu lengua del mal, Y tus labios de hablar engaño.

Proverbios 18:21: *"La muerte y la vida están en poder de la lengua, Y el que la ama comerá de sus frutos".*

Proverbios 12:18: *"Hay hombres cuyas palabras son como golpes de espada; Mas <u>la lengua de los sabios es medicina</u>".*

Tanto la obra de Cristo en el Calvario, como Su Palabra, nos dicen: *"quien llevó él mismo nuestros pecados en su cuerpo sobre el madero, para que nosotros, estando muertos a los pecados, vivamos a la justicia; y por cuya herida fuisteis sanados"* (1 P. 2:24). Dice que **fuiste** sanado, así que cuando confiesas, *Estoy sano*, en realidad solo estás obedeciendo la Palabra del Señor, y diciendo sobre ti lo que Dios ya dijo de ti en Su Palabra. Solo estás poniéndote de acuerdo con lo que tu Padre Celestial ya ha declarado y provisto para ti en la obra de Cristo. Se nos dice que creamos la Palabra de Dios y que digamos lo que Él dice de nosotros, sin importar lo que otro pueda decir o creer.

Romanos 3:3, 4

³ ¿Pues qué, si algunos de ellos han sido incrédulos? ¿Su incredulidad habrá hecho nula la fidelidad de Dios?

⁴ De ninguna manera; antes bien sea Dios veraz, y todo hombre mentiroso; como está escrito: Para que seas justificado en tus palabras, Y venzas cuando fueres juzgado.

Estarás permitiendo que Dios sea veraz, y que todo hombre que habla en contra de Su Palabra sea mentiroso, tal como se nos instruye hacer. Podemos ver en estos versículos que creer y decir lo que Dios dice de nosotros se relaciona con que seamos justificados en lo que decimos, y con que podamos vencer.

Cuando confiesas la Palabra de Dios y dices lo que Él dice de ti, te estás aferrando a ella de manera que la estás llamando a tu vida y a este ámbito natural de lo visible. Solo declaramos lo que Dios ya ha dicho en Su Palabra por el Espíritu Santo, a través de Sus profetas. La persona que tiene fe cree lo que Dios dice, está de acuerdo con ello y lo habla.

La fe que recibe le cree a Dios y habla de acuerdo a ello, llama las cosas tal como las llama Dios; cree Su Palabra, y habla y actúa conforme a ella, tal como dice en 2 Corintios 4:13: *"Pero teniendo el mismo espíritu de fe, conforme a lo que* está escrito: *Creí, por lo cual hablé, nosotros también creemos, por lo cual también hablamos*".

Si mientras los síntomas siguen presentes en tu cuerpo te llamas "sanado", algunos dirán que estás mintiendo o en negación. Dios no nos pide que neguemos que la enfermedad existe. Dios nos dice que le neguemos el derecho a existir en nosotros o a tener dominio en nuestras vidas. Cristo nos redimió de la maldición, y toda enfermedad está bajo la maldición. Las Escrituras nos dicen claramente que por la obra de Cristo <u>somos</u> y <u>fuimos</u> sanados.

Gálatas 3:13, 14, dice:

> *¹³ Cristo nos redimió de la maldición de la ley, hecho por nosotros maldición (porque está escrito: Maldito todo el que es colgado en un madero,*
>
> *¹⁴ para que en Cristo Jesús la bendición de Abraham alcanzase a los gentiles, a fin de que por la fe recibiésemos la promesa del Espíritu.*

Cuando vinimos a este mundo lo hicimos bajo la maldición. Al nacer de nuevo fuimos redimidos de la maldición.

Entonces, cuando creemos el anuncio de Dios y, cuando nos aferramos a lo que Él nos ha provisto por fe en Su Palabra, debemos resistir la enfermedad y negarle todo derecho a existir en nosotros. Nunca debemos olvidar lo que dicen Isaías 53:5: *"Mas él herido fue por nuestras rebeliones, molido por nuestros pecados; el castigo de nuestra paz fue sobre él, y por su llaga fuimos nosotros curados"*, y 1 Pedro 2:24: *"quien llevó él mismo nuestros pecados en su cuerpo sobre el madero, para que nosotros, estando muertos a los pecados, vivamos a la justicia; y por cuya herida fuisteis sanados"*.

Si la enfermedad no existiera, Jesús no habría tenido que llevar nuestras enfermedades en el Calvario. Pero Jesús hizo algo al respecto: nos redimió y puso fin al poder del pecado y la enfermedad. También puso fin al poder de su autor, Satanás, y a su dominio sobre nosotros. Ahora, dado que Jesús nos redimió y acabó Su obra, me rehúso, me niego y me resisto a que aquello de lo cual Él me redimió exista en mí o tenga dominio sobre mi vida. Recibo y acepto por completo lo que Él me proveyó y dio. Comienzo inmediatamente a decir: *Jesús, Tú pagaste el precio por mí. Llevaste mis pecados y mis enfermedades. Derrotaste a mi enemigo hace más de 2.000 años, y ahora mismo me apropio de lo que has provisto para mí. Exalto la Palabra de mi Dios y la obra de mi Redentor por sobre todas las cosas.* La obra que hizo Jesús es mayor que la maldición. Descubre qué fue lo que Jesús hizo, y no te conformes con nada menor a lo que Él proveyó para ti.

Toda Palabra que Dios habló es verdadera. Permite que Su Palabra tenga dominio en tu vida. Llega al punto en que le permitas gobernar tu vida, pues si no es Su Palabra lo que la gobierna, algo más lo hará. Jesús le pidió al Padre: *"Santifícalos en tu verdad; tu palabra es verdad"* (Juan 17:17).

La sanidad ocurre muchas veces como un proceso, y comienza cuando la tomas por medio de la fe en la obra de Jesucristo. Ese proceso continúa en la medida en que te aferras a Su Palabra, creyendo y confesando lo que Cristo ha hecho por ti. Al hacer esto, le damos al Espíritu Santo de Dios algo para llevar a cabo en nosotros. Romanos 10:10, nos dice: *"…con el corazón se cree para justicia, pero con la boca se confiesa para salvación"*.

Podemos participar de lo que Jesucristo hizo por nosotros, o bien, seguir aguantando lo que el diablo nos depara, dejando de recibir las muchas bendiciones que Cristo puso a nuestro alcance. Si no tomas parte estarás dejando pasar las bendiciones. La obra de Cristo en el Calvario reveló que la voluntad de Dios es que en esta tierra vivamos en una victoria total. ¡Hagámoslo!

Capítulo 17

La fe de Abraham
(para seguir su ejemplo)

La Biblia dice: *"...el justo por su fe vivirá"*. Encontramos esta verdad una vez en el Antiguo Testamento (Hab. 2:4), y tres veces en el Nuevo Testamento (Ro. 1:16, 17; Gl. 3:11; Heb. 10:38).

Estos versículos nos dicen que vivamos por fe. Nuestro nivel de fe dependerá de nosotros mismos y no de Dios, y permanecer en un nivel determinado no ocurrirá de forma automática. Debemos prestar atención a mantener nuestra fe y hacerla crecer, y para esto es importante que sepamos cómo se obtiene. Romanos 10:17, dice: *"Así que la fe es por el oír, y el oír, por la palabra de Dios"*. Si continúas alimentándote de la Palabra de Dios, tu fe crecerá y prevalecerá (Hch. 19:20).

La fe se debe vivir, y se libera al hablar y actuar conforme a la Palabra de Dios (Ro. 10:10, Stg. 1:22). La fe bíblica siempre se refiere a creer en el evangelio. En el Nuevo Testamento, el apóstol Pablo nos dice que nuestra fe debe ser fundada en la obra de Jesucristo. Él era la simiente prometida a través de Quien todas las naciones serían bendecidas. Gálatas 3:16, dice que Jesucristo es la simiente: *"Ahora bien, a Abraham fueron hechas las promesas, y a su simiente. No dice: Y a las simientes, como si hablase de muchos, sino como de uno: Y a tu simiente, la cual es Cristo"*.

En el Antiguo Testamento, Dios le habló a un hombre llamado Abram. Le dijo que a través de su simiente serían bendecidas todas las familias de la tierra.

Génesis 12:1-3

> *¹ Pero Jehová había dicho a Abram: Vete de tu tierra y de tu parentela, y de la casa de tu padre, a la tierra que te mostraré.*
>
> *² Y <u>haré de ti una nación grande</u>, y te bendeciré, y engrandeceré tu nombre, y serás bendición.*
>
> *³ Bendeciré a los que te bendijeren, y a los que te maldijeren maldeciré; y <u>serán benditas</u> en ti <u>todas las familias de la tierra</u>.*

Este pasaje señalaba la venida de Jesucristo: a través de Jesús y de la obra que Él haría en el Calvario, todas las naciones serían bendecidas.

Dios le dijo entonces a Abram que ese ya no sería su nombre, sino Abraham, que significa "padre de una gran multitud".

Génesis 17:1-5

> *¹ Era <u>Abram</u> de edad de noventa y nueve años, <u>cuando le apareció Jehová</u> y le dijo: Yo soy el Dios Todopoderoso; anda delante de mí y sé perfecto.*
>
> *² Y pondré mi pacto entre mí y ti, y te multiplicaré en gran manera.*
>
> *³ Entonces Abram se postró sobre su rostro, y Dios habló con él, diciendo:*
>
> *⁴ He aquí mi pacto es contigo, y serás padre de muchedumbre de gentes.*
>
> *⁵ <u>Y no se llamará más tu nombre Abram, sino que será tu nombre Abraham, porque te he puesto por padre de muchedumbre de gentes.</u>*

A los creyentes se nos dice por medio de Pablo que hemos sido justificados por la fe para recibir las bendiciones de Abraham. Debemos saber esto para que podamos vivir en la fe de Abraham.

Gálatas 3:7-9

> *⁷ <u>Sabed, por tanto, que los que son de fe, éstos son hijos de Abraham.</u>*
>
> *⁸ Y la Escritura, previendo que Dios había de justificar por la fe a los gentiles, dio de antemano la buena nueva a Abraham, diciendo: En ti*

serán benditas todas las naciones.

⁹ De modo que los de la fe son bendecidos con el creyente Abraham.

Romanos 4 nos dice cuáles fueron los "pasos de fe" que dio Abraham para alcanzar la promesa de Dios.

Abraham le creyó a Dios.

Romanos 4:3: *"Porque ¿qué dice la Escritura? <u>Creyó Abraham a Dios</u>, y le fue contado por justicia".*

Cuando Dios le dijo a Abraham que sería el padre de muchas naciones, Abraham creyó lo que Dios dijo. Al igual que la promesa de Dios fue segura para Abraham, hoy, por la fe puesta en la obra de Jesucristo, Sus promesas son seguras para nosotros.

Abraham, al igual que Dios, llamó las cosas que no son como si fuesen.

Romanos 4:17: *"(como está escrito: Te he puesto por padre de muchas gentes delante de Dios, <u>a quien creyó</u>, el cual da vida a los muertos, y <u>llama las cosas que no son, como si fuesen</u>".*

Quien tiene fe bíblica se llama a sí mismo tal como Dios lo llama en Su Palabra. Vemos que luego de que Dios le ordenara a Abram comenzar a llamarse a sí mismo Abraham, este ya no siguió intentando convencer a Dios de que hiciera lo que le había prometido. En cambio, Abraham hizo lo que le correspondía para recibir, al continuar llamándose a sí mismo tal como Dios lo había llamado.

Hay muchos que no logran recibir las promesas de Dios porque no creen que puedan proclamar como cierto algo que no pueden ver o sentir. No mentimos cuando nos llamamos como Dios nos llama. Abram comenzó a llamarse Abraham, el "padre de una gran multitud", tal como Dios se lo había ordenado. Abraham estaba llamando las cosas que no son como si fuesen. Pero si no le hubiera creído a Dios, y no hubiera comenzado a llamarse tal como Dios lo había llamado, <u>nunca se habría convertido</u> en lo que Dios había dicho de él. Mientras <u>no</u> digamos lo que la Palabra dice sobre nosotros, no estaremos de acuerdo con Dios ni habrá nada que Él pueda confirmar o llevar a cabo en nosotros. Lo que creemos y hablamos debe concordar con la Palabra de Dios. ¿Cómo te ha llamado Dios, o qué ha dicho sobre ti en Su Palabra y que quieres llegar a ser? Comienza a llamarte de esa manera, y ve como se hace realidad en tu vida. Si no nos llamamos a nosotros mismos como Dios lo hace en Su Palabra, no estaremos siguiendo los pasos de Abraham.

Abraham creyó en esperanza contra esperanza.

Romanos 4:18: *"El creyó en esperanza contra esperanza, para llegar a ser padre de muchas gentes, conforme a lo que se le había dicho: Así será tu descendencia".*

Un día al despertar, oí las palabras: *"El creyó en esperanza contra esperanza, para llegar a ser"* que se repetían una y otra vez en mis pensamientos. Este paso del proceso me llamó mucho la atención, porque tuve que hacerlo diligentemente para recibir mi sanidad. Hay muchas personas que nunca reciben las promesas de Dios porque no pueden ser persuadidas a creer y a llamarse tal como Dios lo hace en Su Palabra. Si yo no lo hubiera hecho, nunca habría recibido y visto la manifestación de mi sanidad. Abraham no tenía motivos racionales para tener esperanza. Su cuerpo, su edad y la esterilidad de Sarah eran contrarios a lo que Dios le había prometido. Pero Abraham le creyó a Dios y se mantuvo firme en su confesión de fe, porque sabía que su ayuda no provendría del ámbito natural, sino del ámbito sobrenatural, del poder del Dios Omnipotente. Cuando el hombre dice que es imposible, que no hay manera, que no hay esperanza, la fe siempre te llevará a recibir la provisión de Dios.

Abraham no se debilitó en la fe.

Romanos 4:19: *"Y no se debilitó en la fe al considerar su cuerpo, que estaba ya como muerto (siendo de casi cien años, o la esterilidad de la matriz de Sara".*

Una fe débil solo considera las circunstancias y el ámbito natural. Pero Abraham solo consideró lo que Dios le había prometido, por lo cual su fe no se debilitó.

Abraham se fortaleció en fe, dando gloria a Dios.

Romanos 4:20: *"Tampoco dudó, por incredulidad, de la promesa de Dios, sino que se fortaleció en fe, dando gloria a Dios".*

Mientras avanzas hacia la manifestación de tu milagro, ofrece el sacrificio de alabanza que es el fruto de tus labios (las palabras de tu boca), y da gloria a Dios (Heb. 13:15).

Abraham estaba plenamente persuadido.

Romanos 4:21: *"plenamente convencido de que* [Dios] *era también poderoso para hacer todo lo que había prometido".*

La fe de Abraham

Desde el momento en que recibes por fe la promesa hasta su cumplimiento debes permanecer plenamente persuadido. Abraham no contaba con nada visible que pudiera animarlo, pero en lugar de mirar las circunstancias y perder su confianza, mantuvo su fe en la Palabra que Dios le había hablado. Tal como Dios le había ordenado, continuó llamándose a sí mismo Abraham, y considerando Su promesa en lugar de las circunstancias, y como resultado llegó a estar plenamente convencido de que Dios la llevaría a cabo. Abraham puso en práctica su fe y recibió la promesa de Dios, y su fe en acción le fue contada por justicia.

Romanos 4:23-25

²³ Y <u>no solamente con respecto a él se escribió</u> que le fue contada,

²⁴ <u>también con respecto a nosotros</u> a quienes ha de ser contada, esto es, <u>a los que creemos en el</u> [Dios] <u>que</u> levantó de los muertos a Jesús, Señor nuestro,

²⁵ el cual fue entregado por nuestras transgresiones, y resucitado para nuestra justificación.

Y por eso <u>le fue contada por justicia</u>.

Estos pasos son muy importantes, y fueron escritos para nosotros que somos el cuerpo de Cristo, para que los conociéramos y los siguiéramos. Los siguientes son algunos de los que yo misma identifiqué mientras estudiaba este pasaje sobre la fe de Abraham. Quizás tú descubras aún más.

1. Conoce lo que Dios ha prometido.
2. Créele a Dios (a Su Palabra).
3. Llama las cosas que aún no se han manifestado como si fuesen (los que andan por vista, por razonamiento, o por fe de la mente [asentimiento mental de que la Palabra de Dios es verdadera] no lo harán).
4. No te debilites en la fe. No consideres las circunstancias contradictorias. Solo considera la Palabra de Dios.
5. No dudes de las promesas de Dios por incredulidad.
6. Que tu fe se fortalezca dando gloria y alabanza a Dios.
7. Mantente plenamente persuadido de que Dios cumplirá Su Palabra. Dios es fiel a Su Palabra.

8. Experimenta la manifestación. (Siempre antes de la manifestación debes creer y recibir lo que Dios te prometió que es tuyo).

Esto es lo que hizo Abraham para llegar a convertirse en lo que Dios le había dicho. Si seguimos sus pasos, Dios hará que Sus promesas también se cumplan en nuestras vidas.

Gálatas nos dice algunas verdades que necesitamos conocer. Debemos saber que hemos sido justificados por la fe para recibir las bendiciones de Abraham (Gl. 3:7-9).

Debemos saber que Jesús nos redimió de la maldición de la ley, y nos hizo herederos de todas las bendiciones.

Gálatas 3:13, 14

> ¹³ <u>Cristo nos redimió de la maldición de la ley</u>, hecho por nosotros maldición (porque está escrito: Maldito todo el que es colgado en un madero,
>
> ¹⁴ para que en Cristo Jesús la bendición de Abraham alcanzase a los gentiles, a fin de que por la fe recibiésemos la promesa del Espíritu.

Debemos saber que Jesús es la simiente prometida, a través de la cual, todas las naciones serían bendecidas.

Gálatas 3:16: *"Ahora bien, a Abraham fueron hechas las promesas, y a su simiente. No dice: Y a las simientes, como si hablase de muchos, sino como de uno: <u>Y a tu simiente, la cual es Cristo</u>".*

Debemos saber que somos hijos de Dios, y poner nuestra fe en Cristo Jesús.

Gálatas 3:26: *"pues todos sois hijos de Dios por la fe en Cristo Jesús".*

Debemos saber que en Cristo Jesús somos uno, y herederos según la promesa.
Gálatas 3:28, 29

> ²⁸ Ya no hay <u>judío ni griego</u>; no hay esclavo ni libre; no hay <u>varón ni mujer</u>; porque todos vosotros <u>sois uno en Cristo Jesús.</u>
>
> ²⁹ Y si vosotros <u>sois de Cristo</u>, ciertamente linaje de Abraham sois, y <u>herederos según la promesa</u>.

Debemos saber que Dios estableció que la fe es el único fundamento para

recibir Sus provisiones, para que sea firme para toda su descendencia (sea esta de la circuncisión o de la incircuncisión, del antiguo o del nuevo pacto, etc.). Así, por medio de la fe, las promesas serán seguras para todo aquel que crea y viva su fe.

Romanos 4:12, 16

> *¹² y padre de la circuncisión, para los que no solamente son de la circuncisión, sino <u>que también siguen las pisadas de la fe que tuvo nuestro padre Abraham</u> antes de ser circuncidado.*

> *¹⁶ Por tanto, <u>es por fe</u>, para que sea por gracia, a fin de que <u>la promesa sea firme para toda su descendencia</u>; no solamente para la que es de la ley, sino también para la que es de la fe de Abraham, el cual es padre de todos nosotros.*

Quien es de la fe le cree a Dios, y habla de sí mismo lo que Dios dice de él en Su Palabra. Si quieres experimentar las promesas de Dios en tu vida debes comenzar a llamarte tal como lo hace Él. Podemos llamarnos redimidos, porque Salmos 107:2, dice: *"Díganlo los redimidos de Jehová, Los que ha redimido del poder del enemigo"*. Toda enfermedad está bajo la maldición, tal como se muestra en Deuteronomio 28, y dado que Jesús nos redimió de la maldición (Gl. 3:13, 14), puedes decir, *Soy redimido de la maldición de esa enfermedad*. Llámate sanado por las llagas de Jesús (Is. 53:5; 1 P. 2:24). La persona que está en fe llama las cosas que aún no se ven como si fuesen.

En la creación, Dios llamó las cosas que no son como si fuesen.

Génesis 1:1-3

> *¹ En el principio creó Dios los cielos y la tierra.*

> *² Y la tierra estaba desordenada y vacía, y las tinieblas estaban sobre la faz del abismo, y el Espíritu de Dios se movía sobre la faz de las aguas.*

> *³ Y dijo Dios: <u>Sea la luz; y fue la luz</u>.*

El mundo en el que vivimos llegó a existir por la Palabra que Dios <u>habló</u>

Hebreos 11:3: *"Por la fe entendemos <u>haber sido constituido el universo por la palabra de Dios</u>, de modo que lo que se ve fue hecho de lo que no se veía"*.

Cuando los profetas del Antiguo Testamento anunciaban la venida de Jesucristo, todos ellos estaban llamando las cosas que no se veían (Is. 46:10).

Jesús nos dice que hagamos esto

Marcos 11:23, 24

> *²³ Porque de cierto os digo que cualquiera que dijere a este monte: Quítate y échate en el mar, y no dudare en su corazón, sino creyere que será hecho lo que dice, lo que diga le será hecho.*
>
> *²⁴ Por tanto, os digo que todo lo que pidiereis orando, creed que lo recibiréis, y os vendrá.*

Pablo dijo que esto es lo que hace el Espíritu de fe.

2 Corintios 4:13: *"Pero teniendo el mismo espíritu de fe, conforme a lo que está escrito: Creí, por lo cual hablé, nosotros también creemos, por lo cual también hablamos".*

Pablo también nos dice hacia dónde mira la fe, y dónde debiera enfocarse nuestra fe.

2 Corintios 4:18: *"<u>no mirando nosotros las cosas que se ven, sino las que no se ven;</u> pues las cosas que se ven son temporales, pero las que no se ven son eternas".*

Hebreos 12:2: *"<u>puestos los ojos en Jesús, el autor y consumador de la fe,</u> el cual por el gozo puesto delante de él sufrió la cruz, menospreciando el oprobio, y se sentó a la diestra del trono de Dios".*

La Biblia nos habla de la importancia que tiene confesar nuestra fe.

Hebreos 10:23: *"Mantengamos firme, sin fluctuar, la profesión [confesión] de nuestra esperanza, porque fiel es el que prometió".*

En Apocalipsis 12:11, el apóstol Juan explica desde el punto de vista del cielo de qué modo vencemos a Satanás y todas sus obras: es por medio de la sangre del Cordero (Jesucristo), y las palabras de nuestra boca que confiesan lo que la Palabra de Dios dice acerca de nosotros.

Jesús es llamado el Apóstol y Sumo Sacerdote de nuestra profesión (confesión) de fe.

La fe de Abraham

Hebreos 4:14-16

14 Por tanto, teniendo un gran sumo sacerdote que traspasó los cielos, Jesús el Hijo de Dios, retengamos nuestra profesión.

15 Porque no tenemos un sumo sacerdote que no pueda compadecerse de nuestras debilidades, sino uno que fue tentado en todo según nuestra semejanza, pero sin pecado.

16 Acerquémonos, pues, confiadamente al trono de la gracia, para alcanzar misericordia y hallar gracia para el oportuno socorro.

Porque Jesús es el Verbo hecho carne, y nos ha sido hecho sabiduría (Jn. 1:1-4, 14; 1 Co. 1:30); Su Palabra es la sabiduría eterna de Dios hablada a nosotros (Pr. 2:6, 7) y tiene que ser el fundamento de nuestra fe. No hay nada más real o seguro que la Palabra de Dios.

La Biblia dice que es la Palabra de Dios la que nos da fe.

Romanos 10:17: *"Así que la fe es por el oír, y el oír, por la palabra de Dios".*

Así, para que la fe produzca el resultado final, debemos creer y recibir la Palabra de Dios en nuestros corazones. Aun nuestra entrada al reino de Dios es por gracia por medio de la fe (Ef. 2:8, 9). Es así también como alcanzamos todas las promesas y provisiones que Cristo obtuvo para nosotros.

La Biblia nos da la definición de fe.

Hebreos 11:1: *"Es, pues, la fe la certeza de lo que se espera, la convicción de lo que no se ve".*

El texto original dice: "que no ha sido aún revelado a los sentidos físicos".

La fe bíblica no es una mera creencia o aceptación mental de que la Palabra de Dios es verdadera. Es creer con tu corazón (espíritu) lo que Dios ha dicho en Su Palabra, confiando en ello, aceptándolo, adhiriendo a ello, comprometiéndose a ello, y hacerlo. Esta es la verdadera fe bíblica; esta es la fe que recibe. Si el creer de una persona se basa en sus sentidos naturales, en el razonamiento humano, o incluso en un asentimiento mental de que la Palabra de Dios es verdadera, no tendrá fe bíblica y, por lo tanto, no será una fe que recibe. Para vivir por fe debemos hacerlo en la Palabra de Dios. Debemos exaltar la Palabra de Dios por sobre la vista, el sentir, o cualquier razonamiento que se oponga a ella. Nuestra fe no se fundamenta en lo que vemos con nuestros ojos naturales, sino en lo que vemos en la Palabra de Dios (2 Co. 5:7). Todo creyente es heredero de la obra completa de Jesucristo, y Dios hoy sigue confirmando Su Palabra a aquellos que creen y actúan conforme a ella sin soltarla. Si vivimos o no por fe sí importa, y si la ponemos o no por obra también importa.

Santiago 2:17, 19, 26

17 Así también la fe, si no tiene obras, es muerta en sí misma.

19 Tú crees que Dios es uno; bien haces. También los demonios creen, y tiemblan.

26 Porque como el cuerpo sin espíritu está muerto, así también la fe sin obras [acciones correspondientes] *está muerta.*

Nunca seremos llamados a creer por algo más difícil de lo que Abraham fue llamado a creer. Aunque la promesa que Dios le habló estaba en el futuro, la fe en acción de Abraham tenía que ser en su "aquí y ahora". Le creyó, se llamó Abraham, y no dudó hasta que pudo ver la promesa de Dios con sus propios ojos. Hoy nosotros debemos vivir por fe en la obra terminada de Jesucristo en el Calvario. Debemos creer y poner nuestra fe en acción, hasta que veamos la promesa de Dios cumplida en nuestras vidas.

Toda promesa de Dios tiene los mismos principios de fe. Liberas la fe por medio de las palabras de tu boca. La fe llama las cosas que no son como si fuesen. Romanos 10:10, dice: *"Porque con el corazón se cree para justicia, pero con la boca se confiesa para salvación".*

Para: "A ello, a o para indicando el punto alcanzado o al que se ingresa de un lugar o propósito, resultado - expresando movimiento". (Concordancia Strong Exhaustiva).

Nuestra fe debiera estar en constante crecimiento. Como creyentes, estamos autorizados a decir que las promesas de Dios nos pertenecen, pues hemos sido hechos herederos de toda la obra terminada de Jesucristo. Cuando sabemos que hemos creído a Dios en Su Palabra, y que la promesa nos pertenece, podemos confesarla como nuestra hasta que llegue a manifestarse en nuestras vidas.

Dios no está diciendo "no" a Sus promesas, porque ya dijo "sí" a ellas. 2 Corintios 1:20, dice: *"porque todas las promesas de Dios son en él Sí, y en él* [Cristo Jesús] *Amén, por medio de nosotros, para la gloria de Dios".*

La fe de Abraham

Para que podamos recibir las promesas de Dios, debemos asentir a lo que Su Palabra dice acerca de nosotros; y para mantenernos de acuerdo con Dios debemos deshacernos de toda incredulidad (esto es, creer lo contrario a lo que Dios ha dicho). Debemos echar fuera la incredulidad de nuestro corazón y de nuestra boca. ¡Debemos sacarla de raíz y rechazarla! Debemos derribar todo pensamiento contrario, la incredulidad y las dudas. Si sigues los pasos de fe de Abraham, tú también verás las promesas de Dios manifestarse en tu vida.

Capítulo 18
El Espíritu Santo prometido

La primera parte de este libro ha abordado principalmente lo que es vivir en la provisión de sanidad y en la salvación total que Jesucristo nos brindó. Ahora, en los siguientes capítulos, hablaremos sobre el Espíritu Santo y Su poder en la vida del creyente.

El Espíritu Santo siempre ha operado con el Padre y con el Hijo de Dios, tanto en la creación del universo y de la humanidad (Gn. 1:26-28), como también en el nacimiento virginal (Lc. 1:35) y cuando Jesús, la Palabra, se hizo carne (Jn. 1:14). El Espíritu Santo incluso operó con Jesús en Su ministerio. El Espíritu Santo ha sido parte de cada nuevo nacimiento de creyentes, de cada milagro y sanidad, y de cada victoria que experimentas en esta vida. Él será quien arrebatará a la iglesia (1 Tes. 4:13-17).

En Hechos 17:29, Romanos 1:20 y Colosenses 2:9, Dios Padre, Jesús, el Hijo, y el Espíritu Santo son llamados la Deidad (o Divinidad). 1 Juan 5:7, dice: *"Porque tres son los que dan testimonio en el cielo: el Padre, el Verbo y el Espíritu Santo; y estos tres son uno"*. Los tres siempre han operado juntos en propósito, plan y voluntad, y nunca lo hacen en oposición entre ellos.

Los profetas del Antiguo Pacto hablaron del tiempo en que Jesús, el Cristo, el Mesías, vendría y establecería el Nuevo Pacto; declararon que el Espíritu Santo moraría en cada creyente. Esta promesa, que sería un evento futuro, comenzó en Pentecostés (Hch. 2) con el derramamiento del Espíritu Santo. Continuó a través del Nuevo Testamento, y lo hará mientras los hombres puedan invocar

El Espíritu Santo prometido

el nombre del Señor y ser salvos. Esta promesa durará hasta que acabe la era de la Iglesia.

También fue predicha por el profeta Ezequiel. Ezequiel 36:25-27

> *²⁵ Esparciré sobre vosotros agua limpia, y seréis limpiados de todas vuestras inmundicias; y de todos vuestros ídolos os limpiaré.*
>
> *²⁶ Os daré corazón nuevo, y pondré espíritu nuevo dentro de vosotros; y quitaré de vuestra carne el corazón de piedra, y os daré un corazón de carne.*
>
> *²⁷ <u>Y pondré dentro de vosotros mi Espíritu</u>, y haré que andéis en mis estatutos, y guardéis mis preceptos, y los pongáis por obra.*

Joel, el profeta de Dios, profetizó que en los últimos días el Espíritu de Dios se derramaría sobre toda carne.

Joel 2:28, 29, 32

> *²⁸ Y después de esto <u>derramaré mi Espíritu sobre toda carne</u>, y profetizarán vuestros hijos y vuestras hijas; vuestros ancianos soñarán sueños, y vuestros jóvenes verán visiones.*
>
> *²⁹ Y también sobre los siervos y sobre las siervas derramaré mi Espíritu en aquellos días.*
>
> *³² Y todo aquel que invocare el nombre de Jehová será salvo; porque en el monte de Sion y en Jerusalén habrá salvación, como ha dicho Jehová, y entre el remanente al cual él habrá llamado.*

Veamos ahora lo que nos dice el Nuevo Testamento sobre la venida del Espíritu Santo.

Juan el Bautista

Mateo 3:1, 5, 6, 11

> *¹ <u>En aquellos días vino Juan el Bautista</u> predicando en el desierto de Judea,*
>
> *⁵ Y salía a él Jerusalén, y toda Judea, y toda la provincia de alrededor del Jordán,*

⁶ y eran bautizados por él en el Jordán, confesando sus pecados.

¹¹ <u>Yo a la verdad os bautizo en agua para arrepentimiento; pero el que viene tras mí, cuyo calzado yo no soy digno de llevar, es más poderoso que yo; él os bautizará en Espíritu Santo y fuego.</u>

Mientras estudiaba el versículo 11, el Espíritu Santo habló sobre esto a mi espíritu, diciendo: *Juan hizo esta promesa a la <u>multitud</u> que estaba ahí reunida, proveniente de diversas ciudades.* Esta promesa no era solo para que los apóstoles pudieran iniciar la iglesia (que es lo que a algunos se les ha enseñado), pues el ministerio de Jesús aún no había comenzado y, por tanto, los apóstoles no habían sido elegidos. No, esta promesa fue hecha para todos los que estaban ahí reunidos ese día, así como para todos los futuros creyentes.

Jesús fue bautizado y el Espíritu Santo descendió sobre Él (Lc. 3:22) antes de comenzar Su ministerio terrenal. Luego fue llevado por el Espíritu al desierto para ser tentado por el diablo (Lc. 4:1), de donde regresó con el poder del Espíritu para hacer la obra del ministerio (Lc. 4:14, 18-21; Hch. 10:38). Jesús debía ser ungido por el Espíritu Santo en Su ministerio terrenal, pues se había despojado de Su divinidad y se había hecho semejante a los hombres (Fil. 2:6-9). El mismo Espíritu Santo es el que opera hoy en los creyentes, capacitándolos para hacer las obras que Dios los ha llamado a hacer; y es Quien confirma la Palabra con las señales que les siguen (Jn. 14:12, Mc. 16:15-20).

Dios dijo que la promesa del Espíritu Santo era para todos los creyentes. Jesús prometió el Espíritu Santo a la gran multitud que se había reunido para celebrar la Pascua.

Juan 7:37, 38

³⁷ En el último y gran día de la fiesta, Jesús se puso en pie y alzó la voz, diciendo: <u>Si alguno tiene sed, venga a mí y beba.</u>

³⁸ <u>El que cree en mí,</u> como dice la Escritura, <u>de su interior correrán ríos de agua viva.</u>

Debemos creer en la Palabra de Dios sin importar lo que otros puedan decir. Juan 7:39, dice: *"Esto dijo del Espíritu que <u>habían</u> de recibir los que creyesen en él; pues aún no había venido el Espíritu Santo, porque Jesús no había sido aún glorificado".* En este versículo, Jesús dijo que **debían recibir**, y no que **quizás recibirían**.

El Espíritu Santo prometido

Entonces, ¿por qué no podían ser llenos ese día? Jesús nos dijo la razón. Porque Él aún no acababa Su misión en la tierra. Aún no había llevado nuestros pecados, no había sido entregado a la cruz por nuestras ofensas, ni había resucitado para justificarnos. Esto incluye a todo aquel que crea en Su obra de sustitución (Ro. 4:25; Jn. 3:14-17; Hch. 3:13; 13:38, 39; 2 Co. 5:21; Ro. 3:20-26).

Jesús cumplió todo lo que estaba escrito de Él en la ley de Moisés, en el libro de los profetas y en los Salmos (Lc. 24:44-49). Él ya acabó Su misión terrenal de redimir a la humanidad. Pagó nuestra deuda de pecado para que todo aquel que crea en Él y en Su obra sea limpiado de todo pecado y culpa, sea justificado y tenga una relación correcta con Dios, y pase de muerte espiritual (que se produjo en la caída de la humanidad a través del pecado del hombre en el Huerto) a vida eterna. Ahora, mediante la obra de Cristo Jesús, todo aquel que quiera puede volver a nacer del Espíritu, y pasar de muerte espiritual a vida eterna (Jn. 3:5, 6, 36, 5:24; Ef. 2:1-5, 8, 9).

¡Oh, la maravilla de todo esto! Jesús lo cumplió y fue glorificado. Así que ahora todos los que tienen sed y creen en Jesús pueden **y deben** ser llenos del Espíritu Santo. Esta promesa permanece hoy.

En Juan 14, Jesús promete una vez más que enviará al Espíritu Santo a morar en nosotros. Jesús dijo que cuando hubiera terminado Su obra en el Calvario volvería al Padre para prepararnos un lugar, y luego vendría otra vez para recibirnos para Sí. Todos los cristianos creen en esta parte del capítulo 14; y si esta promesa es cierta para todos los creyentes, y lo es, toda promesa hecha en el Capítulo 14 también es cierta, incluyendo lo que dice el versículo 12.

Juan 14:12, dice: *"De cierto, de cierto os digo: El que en mí cree, las obras que yo hago, él las hará también; y aún mayores hará, porque yo voy al Padre".*

Jesús nos habló de las obras que harían los que creen en Él.

Marcos 16:17, 18

[17] Y estas señales seguirán a los que creen: En mi nombre echarán fuera demonios; hablarán nuevas lenguas;

[18] tomarán en las manos serpientes, y si bebieren cosa mortífera, no les hará daño; sobre los enfermos pondrán sus manos, y sanarán.

Juan 14 nos dice cómo es que haremos estas obras. No será por habilidades naturales del hombre, sino por la habilidad sobrenatural del Espíritu Santo que nos capacita (Zac. 4:6), tal como capacitó a Jesús para hacer las obras que Él hizo en Hechos 10:38: *"cómo Dios ungió con el Espíritu Santo y con poder a Jesús de Nazaret, y cómo éste anduvo haciendo bienes y sanando a todos los oprimidos por el diablo, porque Dios estaba con él"*.

Esta llenura en los creyentes es del mismo Espíritu Santo que ungió a Jesús y que nos permitirá hacer lo que el Padre nos ha llamado a hacer, porque el Espíritu Santo será nuestro maestro en torno a las cosas de Dios. Estudiar y meditar en Juan 14 ayudará al creyente a ver y comprender mejor lo que Jesús nos dijo.

En Juan 14:16, Jesús dijo: *"Y yo rogaré al Padre, y os dará otro Consolador, para que esté con vosotros para siempre"*.

Luego Jesús nos dijo quién es el Consolador.

Juan 14:25, 26

²⁵ Os he dicho estas cosas estando con vosotros.

²⁶ Mas <u>el Consolador, el Espíritu Santo</u>, a quien el Padre enviará en mi nombre, él os enseñará todas las cosas, y os recordará todo lo que yo os he dicho.

Antes de nacer de nuevo no podemos recibir al Espíritu Santo, tal como vemos en Juan 14:17: *"el Espíritu de verdad, al cual <u>el mundo</u> [pecadores] <u>no puede recibir</u>, porque no le ve, ni le conoce; pero vosotros le conocéis, porque mora con vosotros, y estará <u>en</u> vosotros"*. En este versículo vemos que la promesa de la llenura del Espíritu Santo no es para los pecadores, sino solo para los creyentes. No obstante, cuando las personas en el mundo creen en Jesús y lo reciben como Señor, pueden tener vida eterna y luego recibir la llenura del Espíritu Santo, tal como Jesús explicó a Nicodemo, en Juan 3:3-6, 14-17.

En Juan 14:20, Jesús nos dijo: *"En aquel día vosotros conoceréis que yo estoy en mi Padre, y vosotros en mí, y yo en vosotros"*. Luego se nos dice, en Juan 15:26: *"Pero cuando venga el Consolador, a quien yo os enviaré del Padre, el Espíritu de verdad, el cual procede del Padre, él dará testimonio acerca de mí"*.

El Espíritu Santo prometido

En Juan 16:7, Jesús dijo: *"Pero yo os digo la verdad: Os conviene que yo me vaya; porque si no me fuera, el Consolador no vendría a vosotros; mas si me fuere, os lo enviaré"*. Luego, en Juan 16:13, Jesús nos dijo que el Espíritu Santo nos guiará *"a toda la verdad; porque no hablará por su propia cuenta, sino que hablará todo lo que oyere, y os hará saber las cosas que habrán de venir"*. En el versículo siguiente, Jesús nos dijo: *"Él me* [a Jesús] *glorificará; porque tomará de lo mío, y os lo hará saber"*.

El Señor Jesús acabó Su misión terrenal de redención del hombre caído. Cuando estaba listo para ascender y regresar a sentarse a la diestra del Padre, dio una última instrucción a quienes estaban ahí reunidos.

Hechos 1:4, 5, 8, 9

> *⁴ Y estando juntos, les mandó que no se fueran de Jerusalén, sino que <u>esperasen la promesa del Padre</u>, la cual, les dijo, oísteis de mí.*

> *⁵ Porque Juan ciertamente bautizó con agua, mas vosotros seréis bautizados con el Espíritu Santo dentro de no muchos días.*

> *⁸ <u>pero recibiréis poder, cuando haya venido sobre vosotros el Espíritu Santo</u>, y me seréis testigos en Jerusalén, en toda Judea, en Samaria, y hasta lo último de la tierra.*

> *⁹ Y habiendo dicho estas cosas, viéndolo ellos, fue alzado, y le recibió una nube que le ocultó de sus ojos.*

Observa que el último mandamiento de Jesús fue que no debían dejar Jerusalén, sino que debían <u>esperar la promesa del Padre</u>, que consistía en ser bautizados en el poder del Espíritu Santo.

En el siguiente capítulo veremos que el Espíritu Santo fue derramado tal como se había prometido.

Capítulo 19

El Espíritu Santo dado a los creyentes del Nuevo Testamento (Derramamientos)

Recuerda que Dios habló a través de Sus profetas sobre la promesa del Espíritu Santo.

Joel 2:28-32

> *²⁸ Y después de esto derramaré mi Espíritu sobre toda carne, y profetizarán vuestros hijos y vuestras hijas; vuestros ancianos soñarán sueños, y vuestros jóvenes verán visiones.*
>
> *²⁹ Y también sobre los siervos y sobre las siervas derramaré mi Espíritu en aquellos días.*
>
> *³⁰ Y daré prodigios en el cielo y en la tierra, sangre, y fuego, y columnas de humo.*
>
> *³¹ El sol se convertirá en tinieblas, y la luna en sangre, antes que venga el día grande y espantoso de Jehová.*
>
> *³² Y todo aquel que invocare el nombre de Jehová será salvo; porque en el monte de Sion y en Jerusalén habrá salvación, como ha dicho Jehová, y entre el remanente al cual él habrá llamado.*

Los primeros creyentes honraron al Espíritu Santo de Dios y Su obra. Lo apreciaron y lo recibieron. Dependían de Él para ser guiados, y recibir poder y ayuda en todo lo que hacían.

El Espíritu Santo dado a los santos del Nuevo Testamento

En Hechos 1:8, Jesús nos dijo: *"pero recibiréis poder, cuando haya venido sobre vosotros el Espíritu Santo, y me seréis testigos en Jerusalén, en toda Judea, en Samaria, y hasta lo último de la tierra"*.

Mientras estudiaba Hechos 1:8, recordé que esto es lo que Juan el Bautista dijo a la gran multitud que se había reunido para oírlo (Mt. 3:5). En Mateo 3:11, Juan el Bautista había dicho: *"Yo a la verdad os bautizo en agua para arrepentimiento; pero el [Jesús] que viene tras mí, cuyo calzado yo no soy digno de llevar, es más poderoso que yo; él os bautizará en Espíritu Santo y fuego"*. Observa que esta promesa a la que Jesús se refiere no fue hecha solo a unos pocos, sino a la gran multitud ahí reunida.

Podemos ver lo que sucedió a quienes obedecieron el mandato que Jesús les había dado. Todos los que fueron al aposento alto en espera de ser llenos del Espíritu Santo, salieron ese día hablando en otras lenguas; no lenguas que cada uno de ellos hubiera aprendido, sino según el Espíritu Santo de Dios les daba para hablar.

Hechos 1:13, 14

> *¹³ Y entrados, subieron al aposento alto, donde moraban Pedro y Jacobo, Juan, Andrés, Felipe, Tomás, Bartolomé, Mateo, Jacobo hijo de Alfeo, Simón el Zelote y Judas hermano de Jacobo.*
>
> *¹⁴ Todos éstos perseveraban unánimes en oración y ruego, con las mujeres, y con **María la madre de Jesús**, y con sus hermanos.*

Eran 120 personas las que fueron al aposento alto, incluyendo a hombres y mujeres. Entre ellos estaba María, la madre de Jesús, quien fue al aposento alto para recibir el bautismo del Espíritu Santo. Luego, en Hechos 2, vemos la venida del Espíritu Santo tal como se había prometido. Revisemos lo que sucedió en el día de Pentecostés en el aposento alto, cuando el Espíritu Santo fue derramado sobre los creyentes.

Hechos 2:1-4

> *¹ Cuando llegó el día de Pentecostés, estaban todos unánimes juntos*
>
> *² Y de repente vino del cielo un estruendo como de un viento recio que soplaba, el cual llenó toda la casa donde estaban sentados;*
>
> *³ y se les aparecieron lenguas repartidas, como de fuego, asentándose sobre cada uno de ellos.*

> ⁴ <u>*Y fueron todos llenos del Espíritu Santo,*</u> *y comenzaron a hablar en otras lenguas, según el Espíritu les daba que hablasen.*

Hablaban palabras que el Espíritu Santo les daba, palabras desconocidas por quienes las pronunciaban, pero entendibles para los oyentes. Vemos además que los hombres que se habían reunido ese día en Jerusalén eran hombres piadosos, *"de todas las naciones bajo el cielo".*

Hechos 2:5-13

> ⁵ *Moraban entonces en Jerusalén judíos, varones piadosos, de todas las naciones bajo el cielo.*
>
> ⁶ *Y hecho este estruendo, se juntó la multitud; y estaban confusos, porque cada uno les oía hablar en su propia lengua.*
>
> ⁷ *Y estaban atónitos y maravillados, diciendo: Mirad, ¿no son galileos todos estos que hablan?*
>
> ⁸ *¿Cómo, pues, les oímos nosotros hablar cada uno en nuestra lengua en la que hemos nacido?*
>
> ⁹ *Partos, medos, elamitas, y los que habitamos en Mesopotamia, en Judea, en Capadocia, en el Ponto y en Asia,*
>
> ¹⁰ *en Frigia y Panfilia, en Egipto y en las regiones de África más allá de Cirene, y romanos aquí residentes, tanto judíos como prosélitos,*
>
> ¹¹ *cretenses y árabes,* <u>*les oímos hablar en nuestras lenguas las maravillas de Dios.*</u>
>
> ¹² *Y estaban todos atónitos y perplejos, diciéndose unos a otros: ¿Qué quiere decir esto?*
>
> ¹³ <u>*Mas otros, burlándose, decían: Están llenos de mosto.*</u>

El hablar en lenguas vino ese día cuando fueron llenos; y ahora sigue ocurriendo cuando somos llenos del Espíritu Santo. Algunas personas siguen burlándose de hablar en lenguas, pero esto no cambia la verdad de que fue algo dado por Dios, y que sigue siendo así. Niegan que el hablar en lenguas sea parte de la llenura del Espíritu. Pero observa que es el Espíritu de Dios quien da qué hablar. Cuando alguien recibe la llenura del Espíritu Santo, esa llenura traerá consigo el hablar en lenguas; y aunque no es su único componente, es parte importante de ser llenos del Espíritu Santo.

Pedro tomó la palabra ese día, diciendo que estos hombres no estaban borrachos como algunos suponían (Hch. 2:15). Luego continuó diciendo:

Hechos 2:16-21

¹⁶ Mas esto es lo dicho por el profeta Joel:

¹⁷ Y en los postreros días, dice Dios, Derramaré de mi Espíritu sobre toda carne, Y vuestros hijos y vuestras hijas profetizarán; Vuestros jóvenes verán visiones, Y vuestros ancianos soñarán sueños;

¹⁸ Y de cierto sobre mis siervos y sobre mis siervas en aquellos días Derramaré de mi Espíritu, y profetizarán.

¹⁹ Y daré prodigios arriba en el cielo, Y señales abajo en la tierra, Sangre y fuego y vapor de humo;

²⁰ El sol se convertirá en tinieblas, Y la luna en sangre, Antes que venga el día del Señor, Grande y manifiesto;

²¹ Y todo aquel que invocare el nombre del Señor, será salvo.

En este pasaje podemos ver que lo que Pedro declaró ese día comprobaba lo que Joel había profetizado sobre la promesa hecha de la venida del Espíritu Santo, y que Sus obras continuarían mientras los hombres pudieran invocar el nombre del Señor y ser salvos.

Hoy en día, cuando recibimos al Espíritu Santo (y nuevamente, Jesús dijo que quienes creyeran en Él Lo recibirían [Jn. 7:37-39]), recibimos a la misma Persona que vino a llenar a todos los que estaban reunidos en el aposento, al inicio de la Era de la Iglesia (Hch. 2:1-4). Es el mismo Espíritu Santo que sigue hoy aquí en la tierra llevando a cabo las obras de Dios, y permanecerá aquí durante todo el tiempo que se ofrezca salvación a la humanidad y la Iglesia se encuentre en el mundo.

Pedro le dijo a la gran multitud ahí reunida que esta promesa era para ellos y para sus hijos, y para todo aquel que viniera a Él en el futuro.

Cómo vivir y no morir

Hechos 2:32, 33, 36-39

32 A este Jesús resucitó Dios, de lo cual todos nosotros somos testigos.

33 Así que, exaltado por la diestra de Dios, y habiendo recibido del Padre la promesa del Espíritu Santo, ha derramado esto que vosotros veis y oís.

36 Sepa, pues, ciertísimamente toda la casa de Israel, que a este Jesús a quien vosotros crucificasteis, Dios le ha hecho Señor y Cristo.

37 Al oír esto, se compungieron de corazón, y dijeron a Pedro y a los otros apóstoles: Varones hermanos, ¿qué haremos?

38 Pedro les dijo: Arrepentíos, y bautícese cada uno de vosotros en el nombre de Jesucristo para perdón de los pecados; y recibiréis el don del Espíritu Santo.

39 Porque para vosotros es la promesa, y para vuestros hijos, y para todos los que están lejos; para cuantos el Señor nuestro Dios llamare.

Dios llama a todos a ser salvos, pero no todos responden. ¿Cómo lo sé? Porque en 1 Timoteo 2:4, dice que Dios quiere que todos los hombres sean salvos; y en 2 Pedro 3:9, dice que Dios no quiere que nadie perezca.

Pedro les dijo que la promesa era para quienes se habían reunido ahí ese día, y también es para nosotros hoy. ¿Cuál era la promesa? Era la misma llenura del Espíritu Santo que acababan de presenciar. En una ocasión, mientras estudiaba estas Escrituras, el Espíritu Santo habló a mi espíritu, diciendo: *Dios dio la promesa, y por mucho que el hombre lo intente, no podrá revocarla.* Dios no ha autorizado a ningún hombre a cambiar Su Palabra; tampoco ha dado a ninguna denominación, predicador o maestro la autoridad para cambiar Su Palabra. Nadie puede eliminar ni modificar ninguna parte de la Palabra de Dios, ni tenemos poder alguno para cancelar ninguna parte de este evangelio. Aun así, algunos se han atrevido a hacerlo. Incluso han negado las obras que vino a hacer el Espíritu Santo, diciendo: *Esto no es para nosotros hoy.* Pero Hebreos 13:8 sigue declarando: *"Jesucristo es el mismo ayer, y hoy, y por los siglos"*. Así que lo que Él hizo ayer lo sigue haciendo hoy, y lo seguirá haciendo mañana. El Espíritu Santo no vino solo por un rato. Él vino a quedarse y a dar poder a los creyentes durante todo el tiempo que se ofrezca salvación a la humanidad y la Iglesia esté en el mundo.

Continuemos revisando en el capítulo 8 del libro de Hechos dónde hubo otras personas que fueron llenas del Espíritu Santo.

El Espíritu Santo dado a los santos del Nuevo Testamento

Hechos 8:5, 12, 14-17

> *⁵ Entonces Felipe, descendiendo a la ciudad de Samaria, les predicaba a Cristo.*
>
> *¹² Pero cuando creyeron a Felipe, que anunciaba el evangelio del reino de Dios y el nombre de Jesucristo, se bautizaban hombres y mujeres.*
>
> *¹⁴ <u>Cuando los apóstoles que estaban en Jerusalén oyeron que Samaria había recibido la palabra de Dios, enviaron allá a Pedro y a Juan;</u>*
>
> *¹⁵ <u>los cuales, habiendo venido, oraron por ellos para que recibiesen el Espíritu Santo;</u>*
>
> *¹⁶ <u>porque aún no había descendido sobre ninguno de ellos, sino que solamente habían sido bautizados en el nombre de Jesús.</u>*
>
> *¹⁷ <u>Entonces les imponían las manos, y recibían el Espíritu Santo.</u>*

Vemos que después de que los habitantes de Samaria habían recibido a Cristo, aún necesitaban ser llenos del Espíritu Santo; y lo recibieron solo después de que Pedro y Juan impusieron manos sobre ellos.

Saulo, quien más tarde fue llamado Pablo, recibió el Espíritu Santo después de que el discípulo Ananías le impuso las manos.

Hechos 9:17, 18

> *¹⁷ Fue entonces Ananías y entró en la casa, y <u>poniendo sobre él las manos</u>, dijo: Hermano Saulo, el Señor Jesús, que se te apareció en el camino por donde venías, me ha enviado <u>para que recibas la vista y seas lleno del Espíritu Santo</u>.*
>
> *¹⁸ Y al momento le cayeron de los ojos como escamas, y recibió al instante la vista; y levantándose, fue bautizado.*

En Hechos 10, Pedro predicó a los gentiles en la casa de Cornelio, y ellos recibieron el bautismo del Espíritu Santo, tal como lo hacen hoy los creyentes.

Hechos 10:24, 27, 44-48

> *²⁴ Al otro día entraron en Cesarea. Y Cornelio los estaba esperando, habiendo convocado a sus parientes y amigos más íntimos.*
>
> *²⁷ Y [Pedro] hablando con él [Cornelio], entró, y <u>halló a muchos que se habían reunido</u>.*

> ^{44} *Mientras aún hablaba Pedro estas palabras, <u>el Espíritu Santo cayó sobre todos los que oían el discurso.</u>*
>
> ^{45} *Y los fieles de la circuncisión que habían venido con Pedro se quedaron atónitos de que también sobre los gentiles se derramase el don del Espíritu Santo.*
>
> ^{46} *<u>Porque los oían que hablaban en lenguas, y que magnificaban a Dios.</u>*
>
> ^{47} *Entonces respondió Pedro: ¿Puede acaso alguno impedir el agua, para que no sean bautizados estos que han recibido el Espíritu Santo también como nosotros?*
>
> ^{48} *Y mandó bautizarles en el nombre del Señor Jesús....*

Visitando Éfeso, Pablo preguntó a algunos discípulos que conoció si habían recibido el Espíritu Santo, porque sabía que necesitaban ser bautizados en Él. Entonces el apóstol Pablo les impuso las manos, y ellos recibieron el Espíritu Santo prometido.

Hechos 19:1-6

> ^{1} *Aconteció que entre tanto que Apolos estaba en Corinto, Pablo, después de recorrer las regiones superiores, vino a Éfeso, y hallando a ciertos discípulos,*
>
> ^{2} *les dijo: <u>¿Recibisteis el Espíritu Santo cuando creísteis? Y ellos le dijeron: Ni siquiera hemos oído si hay Espíritu Santo.</u>*
>
> ^{3} *Entonces dijo: ¿En qué, pues, fuisteis bautizados? Ellos dijeron: En el bautismo de Juan.*
>
> ^{4} *Dijo Pablo: Juan bautizó con bautismo de arrepentimiento, diciendo al pueblo que creyesen en aquel que vendría después de él, esto es, en Jesús el Cristo.*
>
> ^{5} *Cuando oyeron esto, fueron bautizados en el nombre del Señor Jesús.*
>
> ^{6} *Y <u>habiéndoles impuesto Pablo las manos, vino sobre ellos el Espíritu Santo; y hablaban en lenguas, y profetizaban.</u>*

En el siguiente capítulo veremos algunas de las obras del Espíritu Santo en la Iglesia.

Capítulo 20
El Espíritu Santo operando en la Iglesia

Veamos las obras que el Espíritu Santo ha llevado a cabo y sigue realizando.

Jesús le dijo a Nicodemo que nuestro nuevo nacimiento en el reino de Dios ocurre por obra del Espíritu Santo.

Juan 3:5: *"Respondió Jesús: De cierto, de cierto te digo, que el que no naciere de agua y del Espíritu, no puede entrar en el reino de Dios"*.

Jesús dijo que el Espíritu Santo será nuestro Consolador.

La edición Clásica de la Biblia Amplificada nos dice más.

Juan 14:16: *"Y yo pediré al Padre, y Él les dará otro Consolador (<u>Consejero, Ayudador, Intercesor, Abogado, Fortalecedor</u> y <u>Quien está atento para actuar a nuestro favor</u>) para que esté con vosotros para siempre"*.

El Espíritu Santo es:

- Consejero
- Ayudador
- Intercesor
- Abogado
- Fortalecedor
- Quien está de nuestro lado

...y estará con nosotros para siempre!

Además del nuevo nacimiento, el Espíritu Santo lleva a cabo la sanidad y todo lo que conforma la salvación (rescate o seguridad [en el ámbito físico o moral]: liberación, **salud**, rescatar, que guarda). Todo esto es parte de Su obra, así como la de maestro, guía, habilitador, revelador, ayudador, etc. Él es uno con el Padre, es uno con el Hijo, Jesucristo (1 Jn. 5:7), y los tres han obrado siempre juntos como uno.

Jesús dijo que el Consolador (Espíritu Santo) nos guiaría a toda verdad.

Juan 16:13: *"Pero cuando venga el Espíritu de verdad, <u>él os guiará a toda la verdad</u>; porque no hablará por su propia cuenta, sino que hablará todo lo que oyere, y os hará saber las cosas que habrán de venir".*

Jesús dijo que el Espíritu Santo lo glorificará (a Jesús).

Juan 16:14: *"El me glorificará; porque tomará de lo mío, y os lo hará saber".*

La Iglesia es el cuerpo de Cristo (Ef. 1:22, 23), y nació en el poder del Espíritu, fue ministrada en el poder del Espíritu, y será arrebatada en el rapto por el poder del Espíritu Santo.

En la elección de los hombres para servir en la iglesia era esencial que fueran llenos del Espíritu Santo.

Hechos 6:2-4

> *² Entonces los doce convocaron a la multitud de los discípulos, y dijeron: No es justo que nosotros dejemos la palabra de Dios, para servir a las mesas.*
>
> *³ Buscad, pues, hermanos, <u>de entre vosotros a siete varones de buen testimonio, llenos del Espíritu Santo y de sabiduría</u>, a quienes encarguemos de este trabajo.*
>
> *⁴ Y nosotros persistiremos en la oración y en el ministerio de la palabra.*

Veamos ahora Hechos 2:17, donde el apóstol Pedro dijo que esta promesa era para los "postreros días": *"Y <u>en los postreros días</u>, dice Dios, Derramaré de mi Espíritu sobre toda carne, Y vuestros hijos y vuestras hijas profetizarán; Vuestros jóvenes verán visiones, Y vuestros ancianos soñarán sueños".* Este versículo nos revela que los postreros días son un elemento de tiempo.

El Espíritu Santo operando en la Iglesia

La Biblia nos dice cuándo fue el inicio de los postreros días.

Hebreos 1:1, 2

¹ Dios, habiendo hablado muchas veces y de muchas maneras en otro tiempo a los padres por los profetas,

² <u>en estos postreros días nos ha hablado por el Hijo</u>, a quien constituyó heredero de todo, y por quien asimismo hizo el universo.

La palabra **"postreros"** se define como más lejanos, finales (sea lugar o tiempo): de, último, final, extremo (Concordancia Strong Exhaustiva).

Los postreros días se conocen también como "los postreros tiempos", en 1 Pedro 1:20, donde leemos: *"ya destinado desde antes de la fundación del mundo, pero manifestado en <u>los postreros tiempos</u> por amor de vosotros"*.

En los capítulos 12 a 14 de 1 Corintios, Pablo habla al cuerpo de Cristo (la Iglesia), sobre los dones espirituales del Espíritu Santo que Dios ha establecido en la Iglesia, y dice que Él no quiere que ignoremos estas verdades (1 Co. 12:1). Los dones espirituales se detallan en los siguientes versículos.

1 Corintios 12:4-13

⁴ Ahora bien, hay diversidad de dones, pero el Espíritu [Espíritu Santo] es el mismo.

⁵ Y hay diversidad de ministerios, pero el Señor es el mismo.

⁶ Y hay diversidad de operaciones, pero Dios, que hace todas las cosas en todos, es el mismo.

⁷ <u>Pero a cada uno le es dada la manifestación del Espíritu para provecho.</u>

⁸ Porque a éste es dada por el Espíritu <u>palabra de sabiduría</u>; a otro, <u>palabra de ciencia</u> según el mismo Espíritu;

⁹ a otro, <u>fe</u> por el mismo Espíritu; y a otro, <u>dones de sanidades</u> por el mismo Espíritu.

¹⁰ A otro, el <u>hacer milagros</u>; a otro, <u>profecía</u>; a otro, <u>discernimiento de espíritus</u>; a otro, <u>diversos géneros de lenguas</u>; y a otro, <u>interpretación de lenguas</u>.

¹¹ Pero todas estas cosas las hace uno y el mismo Espíritu, repartiendo a cada uno en particular como él quiere.

¹² Porque así como el cuerpo es uno, y tiene muchos miembros, pero todos los miembros del cuerpo, siendo muchos, son un solo cuerpo, así también Cristo.

¹³ <u>Porque por un solo Espíritu fuimos todos bautizados en un cuerpo</u>, sean judíos o griegos, sean esclavos o libres; y a todos se nos dio a beber de un mismo Espíritu.

Observa en los versículos 8 a 10 que el apóstol Pablo nombra <u>nueve dones del Espíritu Santo</u>. Algunos los han clasificado como tres dones de poder, tres dones de expresión, y tres dones de revelación. Todos estos dones siguen operando hoy en la Iglesia, o por lo menos debieran hacerlo. Observa además que el apóstol Pablo nos dice que el Espíritu de Dios es quien los da.

En el versículo 12, el apóstol Pablo usa la analogía del cuerpo físico para explicar la obra conjunta de los dones del Espíritu Santo en la Iglesia. Tal como cada parte del cuerpo físico es vital y necesaria para su funcionamiento global, los dones que Dios estableció en la Iglesia son vitales y necesarios para el cuerpo espiritual de Cristo, que es la Iglesia.

Aunque nadie negaría que todas las partes del cuerpo humano son vitales para el funcionamiento de este, hay quienes niegan que estos <u>nueve dones espirituales</u> sean aún necesarios en el cuerpo espiritual de Cristo (la Iglesia). Pero Pablo deja claro lo vital que todos los dones espirituales son para la Iglesia, y cómo operan.

1 Corintios 12:28-30

²⁸ Y a unos puso Dios en la iglesia, primeramente apóstoles, luego profetas, lo tercero maestros, luego los que hacen milagros, después los que sanan, los que ayudan, los que administran, los que tienen don de lenguas.

²⁹ ¿Son todos apóstoles? ¿son todos profetas? ¿todos maestros? ¿hacen todos milagros?

³⁰ ¿Tienen todos dones de sanidad? ¿hablan todos lenguas? ¿interpretan todos?

En este capítulo de 1 Corintios, así como en los capítulos 11 y 15, puedes ver que Pablo no intenta prescindir de los dones y de su función en la Iglesia. Más bien, lo que hace es ordenarlos en función de cómo debieran operar y de cuáles son sus beneficios. Dios es quien estableció los dones en la Iglesia para beneficio de ella; el hombre no puede eliminarlos.

1 Corintios 14, en la Edición Clásica de la Biblia Amplificada, deja claro que la profecía y las lenguas son hoy una parte fundamental de la Iglesia.

1 Corintios 14:39, 40

> *³⁹ Así que [para concluir], mis hermanos, anhelen fervientemente y de todo corazón profetizar (en ser inspirados a predicar y enseñar, y a interpretar la voluntad y el propósito de Dios), y <u>no prohíban ni impidan el hablar en lenguas [desconocidas]</u>.*
>
> *⁴⁰ Sino que todas las cosas deben hacerse observando dignidad y decoro, y de manera ordenada.*

Muchos niegan estos dones espirituales, y no los desean de la forma en que se nos instruye: "<u>*Procurad, pues, los dones mejores. Mas yo os muestro un camino aún más excelente*</u>" (1 Co. 12:31). Es por eso que hoy hay muchas iglesias y muchas vidas de creyentes donde estos dones no operan. Dios no eliminó los dones, pero si no crees en ellos ni los deseas no operarán en tu vida.

Las lenguas a las que se hace referencia en 1 Corintios 12:30 es uno de los dones ya mencionado en 1 Corintios 12:10, y que necesita interpretación. El apóstol Pablo no está hablando aquí sobre las lenguas de oración individual del creyente (a las que quienes estamos llenos del Espíritu Santo debemos dar lugar en oración [Jud. 20; Ro. 8:26, 27; Ef. 6:18; 1 Co. 14:2, 4, 14, 15]).

En 1 Corintios 13, Pablo nos dice la forma en que debieran operar los dones del Espíritu y, al igual que en otros pasajes, hace énfasis en la importancia del amor. A veces este capítulo es usado por quienes intentan convencer a otros de que los dones del Espíritu Santo ya no son necesarios y no siguen operando. Pero el apóstol Pablo no intenta deshacerse de los dones, sino decirnos que se debe vivir en amor para que estos dones operen de manera efectiva en la Iglesia y en nuestra vida.

En 1 Corintios 13:2, puedes ver que el apóstol Pablo no dijo que el don de profecía o la palabra de conocimiento no debieran operar hoy: "*Y si tuviese profecía, y entendiese todos los misterios y toda ciencia, y si tuviese toda la fe, de tal manera que trasladase los montes, <u>y no tengo amor, nada soy</u>*". Lo que él dice es que, sin amor, estos dones no tienen beneficio personal.

En 1 Corintios 13:8, el apóstol Pablo dice que el amor de Dios nunca deja de ser, y luego de eso nos dice cuándo los dones de profecía, conocimiento y lenguas van a cesar: *"El amor nunca deja de ser; pero las profecías se acabarán* (dice: "se acabarán", y no que ya hayan acabado), *y cesarán las lenguas* (nuevamente, dice "cesarán", y no que ya hayan cesado), *y la ciencia acabará"*.

Algunos leen este versículo como si dijera "ya han cesado", y enseñan en base a esto que las lenguas han cesado; pero no dicen nada acerca de que la ciencia haya cesado. Si las lenguas han cesado, entonces, en base a la lectura de este versículo la ciencia también debe haber cesado. Pero sabemos que no es cierto. Pablo habla aquí del período de tiempo que es "ahora", el cual se extiende desde el momento en que este versículo fue escrito, hasta que la Iglesia ya no esté en este mundo. Dado que esto no ha pasado, estos dones no han cesado y debieran seguir operando hoy en la Iglesia.

Sigamos adelante con 1 Corintios 13:9, 10, 12, donde Pablo habla del "ahora".

⁹ Porque en parte conocemos, y en parte profetizamos;

¹⁰ mas cuando venga lo perfecto, entonces lo que es en parte se acabará.

¹² <u>Ahora</u> vemos por espejo, oscuramente; mas <u>entonces</u> veremos cara a cara. <u>Ahora</u> conozco en parte; pero <u>entonces</u> conoceré como fui conocido.

El *"entonces"* del que habla Pablo en estos versículos se refiere a cuando veamos a Jesús cara a cara.

Salmos 17:15: *"En cuanto a mí, <u>veré tu rostro</u> en justicia; Estaré satisfecho cuando despierte a tu semejanza"*.

1 Juan 3:2: *"Amados, <u>ahora</u> somos hijos de Dios, y aún no se ha manifestado lo que hemos de ser; pero sabemos que cuando él se manifieste, seremos semejantes a él, <u>porque le veremos tal como él es</u>"*.

Apocalipsis 22:4: *"<u>y verán su rostro</u>, y su nombre estará en sus frentes"*.

Nota: En este momento estamos en el período de tiempo del <u>ahora</u>, y no en el del <u>entonces</u>.

Los dones del Espíritu que vemos en 1 Corintios 13:13 no han desaparecido ni cesado.

Este versículo dice que la fe, la esperanza y el amor permanecen. Estos tres son necesarios para que la Palabra de Dios y los dones del Espíritu operen como deben en la vida del creyente. Estos dones que Dios estableció en la Iglesia para ayudarnos durante nuestra vida en la tierra ya no serán necesarios cuando estemos en el cielo.

Por mi parte, creo que todos en el cielo hablaremos una lengua única, y no en lenguas o idiomas diferentes. Creo que todos hablaremos y entenderemos el lenguaje del Espíritu Santo.

El apóstol Pablo estableció el orden en que los dones deben operar en la Iglesia. Luego dijo lo siguiente: *"Seguid el amor; y <u>procurad los dones espirituales</u>, pero sobre todo <u>que profeticéis</u>"* (1 Co. 14:1). Uno de los dones espirituales que Dios estableció en la Iglesia y se menciona en 1 Corintios 12:10 es profetizar, como también lo son los diversos géneros de lenguas y su interpretación.

En el Capítulo 14, Pablo enseña principalmente sobre <u>profecía, lenguas e interpretación dentro de un contexto de iglesia, y sobre la edificación de la Iglesia</u>. Luego nos dice por qué dentro de este contexto sería más beneficioso profetizar que hablar en lenguas, a menos que haya interpretación.

1 Corintios 14:2-5

² Porque el que habla en lenguas no habla a los hombres, sino a Dios; pues nadie le entiende, aunque por el Espíritu habla misterios.

³ Pero el que profetiza habla a los hombres para edificación, exhortación y consolación.

⁴ <u>El que habla en lengua extraña, a sí mismo se edifica</u>; pero <u>el que profetiza, edifica a la iglesia</u>.

⁵ Así que, <u>quisiera que todos vosotros hablaseis en lenguas</u>, pero más que profetizaseis; porque mayor es el que profetiza que el que habla en lenguas, <u>a no ser que las interprete para que la iglesia reciba edificación</u>.

La profecía es una expresión inspirada divinamente que nos da el Espíritu Santo, y que se pronuncia en el idioma que uno conoce.

1 Corintios 14:12-19

¹² Así también vosotros; pues que anheláis dones espirituales, procurad abundar en ellos para edificación de la iglesia.

> *¹³ Por lo cual, el que habla en lengua extraña, pida en oración poder interpretarla.*
>
> *¹⁴ Porque si yo oro en lengua desconocida, mi espíritu ora, pero mi entendimiento queda sin fruto.*
>
> *¹⁵ ¿Qué, pues? <u>Oraré con el espíritu, pero oraré también con el entendimiento; cantaré con el espíritu, pero cantaré también con el entendimiento</u>.*
>
> *¹⁶ Porque si bendices sólo con el espíritu, el que ocupa lugar de simple oyente, ¿cómo dirá el Amén a tu acción de gracias? pues no sabe lo que has dicho.*
>
> *¹⁷ <u>Porque tú, a la verdad, bien das gracias; pero el otro no es edificado</u>.*
>
> *¹⁸ Doy gracias a Dios que hablo en lenguas más que todos vosotros;*
>
> *¹⁹ <u>pero en la iglesia prefiero hablar cinco palabras con mi entendimiento, para enseñar también a otros</u>, que diez mil palabras en lengua desconocida.*

Aquí el apóstol Pablo habla de cuando él predica o enseña en un contexto de iglesia. ¿Por qué le diría a la Iglesia que anhele los dones espirituales si no debiéramos o no pudiéramos tenerlos?

Continuemos con 1 Corintios 14:26:

> *¿Qué hay, pues, hermanos? Cuando os reunís* [en un servicio religioso], *cada uno de vosotros tiene salmo* [cántico espiritual], *tiene doctrina* [enseñanza], *tiene lengua, tiene revelación* [declaración de un conocimiento especial], *tiene interpretación. Hágase todo para edificación.*

Así, podemos ver que en la Iglesia primitiva no faltaban las lenguas ni los dones espirituales; por el contrario, abundaban en ellos.

Continuando en 1 Corintios 14:27-32:

> *²⁷ Si habla alguno en lengua extraña, sea esto por dos, o a lo más tres, y por turno; y uno interprete.*
>
> *²⁸ Y si no hay intérprete, calle en la iglesia, y hable para sí mismo y para Dios.*

El Espíritu Santo operando en la Iglesia

²⁹ Asimismo, los profetas hablen dos o tres, y los demás juzguen.

³⁰ Y si algo le fuere revelado a otro que estuviere sentado, calle el primero.

³¹ <u>Porque podéis profetizar todos uno por uno</u>, para que todos aprendan, y todos sean exhortados.

³² Y los espíritus de los profetas están sujetos a los profetas.

Una vez más, esto se refiere a hablar en lenguas dentro de un contexto de iglesia. Si las lenguas se dan públicamente a la congregación, deberán interpretarse.

En este capítulo hemos estudiado los dones del Espíritu que Dios estableció en la Iglesia. Si estás interesado en experimentar el poder del Espíritu Santo, te animo a buscar, estudiar y meditar los siguientes pasajes adicionales que muestran como Él opera en la Era de la Iglesia.

- Hechos 1:8
- Romanos 5:5; 8:1-16, 26, 27; 14:17
- 1 Corintios 2:4, 5; 10:12, 13, 14
- 2 Corintios 3:17, 18; 6:16-18; 13:14
- Gálatas 3:2, 3; 4:4-6; 5:16, 25
- Efesios 1:13; 2:18-22; 3:16; 5:18, 19; 6:10, 18
- Filipenses 2:1
- 1 Tesalonicenses 1:5, 6; 4:8; 5:19, 20
- 1 Timoteo 4:1
- 2 Timoteo 1:14
- Tito 3:5, 6
- Hebreos 2:4; 3:6-8; 10:15
- 1 Pedro 1:10-12
- 2 Pedro 1:20, 21
- 1 Juan 3:24; 4:13; 5:7
- Judas 1:17-21

Vemos que el Espíritu Santo ha estado obrando durante toda la Era de la Iglesia, y Su nombre se menciona en casi todos los libros del Nuevo Testamento.

Veamos ahora el libro de Apocalipsis, el último libro del Nuevo Testamento. En este vemos que el Espíritu Santo continuará obrando durante toda la Era de la Iglesia. El libro de Apocalipsis es una carta (epístola) escrita a la Iglesia. En las Escrituras, la Iglesia se refiere a todos aquellos que han nacido de nuevo (todos los que son salvos), y es el cuerpo de Cristo (Jn. 3:3; Jn. 3:16, 17; Ef. 1:22, 23; Ro. 12:4, 5; Colosenses 1:18; Ef. 5:27, 30; 1 Co. 12:12, 13, 27).

Tener oído para oír lo que el Espíritu de Dios dice nos asegurará la victoria (1 Jn. 2:13, 14; 5:4, 5). En los primeros tres capítulos del libro de Apocalipsis, Jesús nos instruye siete veces a tener oído para oír lo que el Espíritu Santo les dice a las iglesias. Cada una de esas siete referencias es precedida o seguida por una promesa para el que venciere. La primera mención se encuentra en Apocalipsis 2:7, donde Jesús dijo: *"El que tiene oído, oiga lo que el Espíritu dice a las iglesias. Al que venciere, le daré a comer del árbol de la vida, el cual está en medio del paraíso de Dios"*. Las otras seis referencias contenidas en este libro son: Apocalipsis 2:11, 17, 29; 3:5, 6, 12, 13, 21, 22.

Luego, en el último capítulo de Apocalipsis, vemos al Espíritu Santo y la Iglesia, llamada la Novia de Cristo, operando en conjunto y diciendo:

Apocalipsis 22:17, 20

> *¹⁷ Y el Espíritu y la Esposa* [la Iglesia] *dicen: Ven. Y el que oye, diga: Ven. Y el que tiene sed, venga; y el que quiera, tome del agua de la vida gratuitamente.*
>
> *²⁰ El que da testimonio de estas cosas dice: Ciertamente vengo en breve. Amén; sí, ven, Señor Jesús.*

En el capítulo final que trata sobre el Espíritu Santo, veremos algunas de Sus obras en la vida de los creyentes.

Capítulo 21

La obra del Espíritu Santo en la vida del cristiano (los beneficios de recibir el bautismo en el Espíritu Santo)

Es importante conocer la forma en que el Espíritu Santo opera en la vida de un cristiano, por lo que en este capítulo incluiré algunas de las obras que han traído tantas victorias a mi vida.

Sin la participación del Espíritu de Dios no hay salvación; tampoco hay milagros, revelación ni guía de Dios. El Espíritu Santo es también Quien revela las cosas profundas de Dios (1 Co. 2:10). Si impides que el Espíritu Santo y la Palabra de Dios influencien tu vida y te guíen, entonces serán las personas, las circunstancias e incluso otros espíritus los que te influenciarán y guiarán.

La promesa que Dios nos dio y declaró por medio de los profetas en el Antiguo Testamento decía que el Espíritu Santo vendría a llenar y a dar poder a los creyentes (Jl. 2:28-32), y a permitirles hacer las obras de Dios. La llenura (bautismo) del Espíritu Santo es una promesa hecha a la Iglesia mientras esta exista.

Todo cristiano conforma el cuerpo de Cristo (la Iglesia), sin importar cuál sea su denominación. Dios es su Padre celestial y tiene un don para Sus hijos. Este don prometido se encuentra en Lucas 11:13: *"Pues si vosotros, siendo malos* [terrenales], *sabéis dar buenas dádivas a vuestros hijos, ¿cuánto más vuestro Padre celestial <u>dará el Espíritu Santo</u> a los que se lo pidan?"*.

Así, podemos ver que necesitamos de este don. Puedes vivir una vida sin poder, actuando por inercia y siguiendo doctrinas de hombres; o bien, puedes ser lleno (bautizado) del Espíritu Santo de Dios y vivir una vida llena de poder.

Hay tres encuentros que todo creyente debe tener con el Espíritu Santo:

1. Nacer de nuevo del Espíritu (Jn. 3:5).
2. Ser bautizado en el Espíritu (Hch. 1:4, 5).
3. Ser guiado por el Espíritu (Ro. 8:14).

Jesús mismo dijo que debemos ser llenos del Espíritu Santo.

Juan 7:37-39

³⁷ En el último y gran día de la fiesta, Jesús se puso en pie y alzó la voz, diciendo: Si alguno tiene sed, venga a mí y beba.

³⁸ El que cree en mí, como dice la Escritura, de su interior correrán ríos de agua viva.

³⁹ Esto dijo del Espíritu que habían de recibir los que creyesen en él; pues aún no había venido el Espíritu Santo, porque Jesús no había sido aún glorificado.

Se nos dice que seamos llenos del Espíritu (Ef. 5:18), y se nos instruye a orar en el Espíritu (Ro. 8:26, 27; Ef. 6:18). Debemos edificarnos, orando en el Espíritu Santo (Jud. 1:20). También se nos dice que andemos en el Espíritu (Gl. 5:16, 25).

¿Por qué?

Porque el hombre natural no puede entender la Palabra de Dios, la mente no renovada hará que te alejes de las cosas de Dios, siguiendo la sabiduría de este mundo. Seguirá lo que dicten los sentidos, pues su lógica se basa en el razonamiento humano, y no en la Palabra de Dios que vive y permanece para siempre. 1 Corintios 2:14, dice: *"Pero el hombre natural no percibe las cosas que son del Espíritu de Dios, porque para él son locura, y no las puede entender, porque se han de discernir espiritualmente"*. Puedes ir a Romanos 8:5-8 para tener mayor claridad.

El Espíritu Santo es quien nos da revelación de las cosas de Dios.

1 Corintios 2:10, 12

¹⁰ Pero Dios nos las reveló a nosotros por el Espíritu; porque el Espíritu todo lo escudriña, aun lo profundo de Dios.

¹² Y nosotros no hemos recibido el espíritu del mundo, sino el Espíritu que proviene de Dios, <u>para que sepamos lo que Dios nos ha concedido</u>.

La obra del Espíritu Santo en la vida del cristiano

Se nos dice que el Espíritu Santo vivirá en nosotros.

1 Corintios 3:16: *"¿No sabéis que <u>sois templo de Dios, y que el Espíritu de Dios mora en vosotros?</u>"*.

1 Corintios 6:19, 20

¹⁹ ¿O ignoráis que vuestro cuerpo es templo del Espíritu Santo, el cual está en vosotros, el cual tenéis de Dios, y que no sois vuestros?

²⁰ Porque habéis sido comprados por precio; glorificad, pues, a Dios en vuestro cuerpo y en vuestro espíritu, los cuales son de Dios.

A continuación detallo algunas de las obras que hace el Espíritu Santo en la vida de un creyente. Incluyo referencias bíblicas para cada una de ellas animándote a buscarlas y estudiarlas, pues sé que si lo haces te bendecirán mucho.

- Él morará en ti (Jn. 14:17).
- Manifestará las cosas de Cristo a quienes guardan la Palabra de Dios (Jn. 14:21).
- Te enseñará (Jn. 14:26).
- Dará testimonio de Jesús (Jn. 15:26).
- Te guiará a toda verdad (Jn. 16:13).
- Glorificará a Jesús y te mostrará lo que ha de venir (Jn. 16:14).
- Te dará poder y te permitirá hacer lo que Dios te ha llamado a hacer (Hch. 1:8).
- Él es el Espíritu de vida (Ro. 8:2). En Romanos 8:9, dice: *"…si alguno no tiene el Espíritu de Cristo, no es de él"*.
- Vivificará tu cuerpo mortal (Ro. 8:11).
- Te guiará. Romanos 8:14 dice: *"Porque todos los que son guiados por el Espíritu de Dios, éstos son hijos de Dios"*.

- Dará testimonio a tu espíritu de que eres hijo de Dios (Ro. 8:16, 1 Jn. 5:10).
- Te ayudará a orar por aquello en que no sabes cómo orar (Ro. 8:26, 27; 1 Co. 14:14, 15).
- Nadie puede llamar a Jesús Señor si no es por el Espíritu Santo (1 Co. 12:3).
- Puedes orar y cantar en el Espíritu (1 Co. 14:14, 15).

No debemos contristar al Espíritu Santo de Dios, por el cual fuimos sellados para el día de la redención (Ef. 1:13, 4:30). No debemos apagarlo, ni menospreciar las profecías (1 Ts. 5:19, 20).

Por medio del Espíritu Santo sabes que estás en Jesucristo, el Hijo de Dios (1 Jn. 3:23, 24; 1 Jn. 4:13).

Lo más grande que ha pasado en mi vida fue haber nacido de nuevo, pasando de muerte espiritual a vida eterna. La segunda cosa más grande fue haber sido bautizada en el Espíritu Santo. Como conté anteriormente, recibí a Cristo como mi Salvador cuando tenía 11 años. Tenía 13 años cuando recibí el bautismo en el Espíritu Santo, con la evidencia de hablar en otras lenguas; tal como lo hicieron en el libro de los Hechos. Pero nadie me enseñó que en mis tiempos de oración y adoración debía seguir cediéndome al Espíritu Santo. En ese entonces yo no conocía las Escrituras que hablaban sobre este tema, por lo que rara vez hablaba u oraba en lenguas como la Palabra de Dios nos dice que hagamos (Ro. 8:26, 27; 1 Co. 14:14, 15). Solo comencé a ser guiada por el Espíritu Santo luego de haber aprendido más de Sus obras, y de haber visto que podía tener comunión con Él. Hasta el día de hoy sigo disfrutando de la comunión con Él.

El estudio y meditación de las Escrituras han bendecido mi vida, y muchas veces me han animado a saber que el mismo Espíritu que resucitó a Cristo de los muertos es el que ahora me vivifica y ministra vida, y sana mi cuerpo mortal (Ro. 8:11). Este mismo Espíritu ahora vive en mí, me guía, me capacita para ser y hacer todo lo que he sido llamada a hacer como seguidora de Cristo, y como parte de Su cuerpo que es la Iglesia.

Juan 14:15-26, dice que este mismo Espíritu será nuestro Consolador y estará con nosotros para siempre.

Frecuentemente reflexiono sobre la verdad eterna que habló Zacarías en el Antiguo Testamento.

Zacarías 4:6: *"Entonces respondió y me habló diciendo: Esta es palabra de Jehová a Zorobabel, que dice: <u>No con ejército, ni con fuerza, sino con mi Espíritu</u>, ha dicho Jehová de los ejércitos".*

Esta declaración fue muy importante para mí, porque ahora comprendía que no depende de mi habilidad natural, y que puedo depender de la habilidad sobrenatural que proviene de mi Ayudador, el Espíritu Santo.

Veamos otros beneficios de ser bautizados en el Espíritu y de orar en lenguas. Cuando eres bautizado en el Espíritu Santo, Dios te da un lenguaje celestial para que puedas orar el plan que tiene para ti y para la tierra. Dios quiere que nosotros, Sus hijos llenos del Espíritu, oremos siempre en el Espíritu. Podemos orar misterios; podemos orar las cosas ocultas; podemos orar la voluntad de Dios cuando no sabemos qué o cómo orar en una circunstancia en particular, permitiendo que el Espíritu Santo mismo ore a través de nosotros (Ro. 8:26, 27).

El apóstol Pablo conocía la importancia de orar en el Espíritu Santo.

- Él dice en 1 Corintios 14:2 que oramos misterios.
- Él dice en 1 Corintios 14:4 que el que ora en el Espíritu se edifica a sí mismo.

Al igual que el apóstol Pablo, una vez que los creyentes recibimos el Espíritu Santo podemos orar en el Espíritu.

1 Corintios 14:15: *"¿Qué, pues? Oraré con el espíritu, pero oraré también con el entendimiento; cantaré con el espíritu, pero cantaré también con el entendimiento".*

Efesios 6:18, nos dice que oremos siempre en el Espíritu. Se nos dice que orando en el Espíritu Santo nos edificamos sobre nuestra santísima fe (Jud. 1:20).

En Juan 14:20, Jesús dijo: *"En aquel día* [cuando el Espíritu Santo haya venido a morar en ustedes] *vosotros conoceréis que yo estoy en mi Padre, y vosotros en mí, y yo en vosotros".* Cuando llegué a comprender lo que Jesús me decía aquí, supe que por la Palabra de Dios y por Su Espíritu, Dios, el Padre, Dios, el Hijo, y Dios, el Espíritu Santo, moran en mí y nunca estoy sola. Casi todos los días declaro esta gran verdad con mis labios, dando gracias por Su presencia junto a mí y en mí. Ahora sé lo que el apóstol Juan nos decía, en 1 Juan 4:4: *"mayor es el que está en vosotros, que el que está en el mundo".* Esta es una verdad que nunca debemos olvidar.

Dios quiere que tú y yo, como Sus hijos, sepamos que el Mayor está en nosotros, y que el Espíritu Santo es el que nos guía a toda verdad. Aquel (Jesús) que derrotó a Satanás y nos redimió está en nosotros. Aquel que está en nosotros es mayor que cualquier enfermedad o dolencia, y mayor que el efecto de la maldición (Dt. 28). La obra que Jesucristo hizo en la cruz es mucho más grande que cualquier diablo o demonio que pueda levantarse en nuestra contra. Él es más grande que cualquier ataque que el enemigo pueda traer. Aquel que está en nosotros es mayor.

El Espíritu Santo es absolutamente necesario en nuestras vidas para que podamos ser victoriosos. Lo mejor que podemos hacer por nosotros mismos es aprender las verdades de la Palabra de Dios y vivirlas con la guía del Espíritu Santo.

Juan 8:31, 32

> *31* Dijo entonces Jesús a los judíos que habían creído en él: <u>Si vosotros permaneciereis en mi palabra</u>, seréis verdaderamente mis discípulos;

> *32* y <u>conoceréis la verdad, y la verdad os hará libres</u>.

Si queremos recibir las promesas de Dios, debemos conocer Su Palabra y creer en ella. Es muy importante que edifiquemos nuestras vidas sobre la Palabra y no sobre tradiciones de hombre o doctrinas denominacionales. Si no sabemos de primera mano lo que dice la Palabra sobre un asunto en particular, es posible que exaltemos nuestras tradiciones por encima de la Palabra de Dios. Esto también puede ocurrir cuando no conocemos al Espíritu Santo.

Desde que el Espíritu Santo fue derramado en el día de Pentecostés, a lo largo de todo el Nuevo Testamento y hasta hoy, Él continúa haciendo Su obra en las vidas de los creyentes; y lo hará hasta el último capítulo de la Biblia, el libro de Apocalipsis.

El Espíritu Santo está aquí para animarnos. Recuerdo un tiempo en que enseñaba un estudio bíblico semanalmente, y lo habíamos suspendido durante las vacaciones de primavera. Yo no estaba estudiando y orando como normalmente lo hacía durante esa semana, porque estaba buscando una silla que quería comprar para mi casa. Un jueves por la tarde estaba en mi cocina lavando platos, cuando sentí como si un oscuro manto de desánimo hubiera caído sobre mí. Me vino el siguiente pensamiento: *¡Nunca vas a hacer las cosas que te han profetizado!* Al principio albergué este pensamiento, pero luego pude darme cuenta de que era del enemigo, el diablo; así que pensé, *Sé de quién viene esto, y no voy a escucharte*. Empecé a alabar al Señor por todo lo que había hecho por mí, incluyendo el haberme levantado de un lecho de enfermedad. Luego le dije al Señor: "Sé que has sido fiel conmigo, y que harás todo lo que dijiste que harías". Comencé a alabarlo por lo que Él ya había hecho y por lo que me permitía hacer en Su reino. Luego comencé a alabarlo en lenguas, y el Espíritu Santo me dio Su interpretación. En mi estudio bíblico había estado enseñando que los hijos de Israel no habían logrado entrar en la tierra prometida por incredulidad (Nm. 13). Esa tarde de jueves, el Espíritu Santo me dio lo siguiente para animarme:

Cómo poseer lo que te pertenece

Cuando le ordené a mi pueblo salir
de una tierra de esclavitud y aflicción,
les di una tierra, una tierra abundante
a donde <u>todos podrían ir</u>.

Los saqué con brazo fuerte,
con señales y maravillas que veían.
Cuando llegaron a la tierra, la reconocieron y
vieron que era todo lo que dije que sería.

Cuando los diez hicieron un reporte sobre la tierra,
dijeron: "Pareciera haber oposición
a nuestra entrada y posesión de la tierra,
porque como ven, gigantes hay en ella".

Pero si entran a esta tierra
será solo gracias a Mí;
Si entran, así es, si entran,
<u>Deberán creer en Mí</u>.

Si ponen su confianza en palabras de hombre
que contrario a Mí fueron habladas,
no entrarán, no entrarán
a <u>Mis provisiones para ustedes preparadas</u>.

Pero dos dijeron: "¡No! A esta tierra podemos ir,

porque el Señor se las ha dado.
Sólo que no duden; porque les impedirá entrar.
¡No teman! ¡Porque el Señor por ustedes habrá peleado!".

No escuchen a los hombres de la tierra que
asumirían hablar en contra Mía.
Porque sus palabras caerán, ¡pero mis
Palabras por toda la eternidad permanecen!

Y aún hoy, si quieres entrar
a las promesas que te he dado a ti,
debes mirar a la Palabra de Dios en fe,
porque esta es la entrada para ti.

Mis ovejas oyen mi voz.
Ellas oyen y me siguen a Mí.
¿Y cómo oirán?
Oh, ¿cómo oirán?
Mediante Mi palabra que les di.

Sí, y aún hoy, si quieren entrar
a las promesas que les he dado,
por fe en Mi Palabra viva andarán.
Porque si andan por vista, podrán desear entrar,
pero solo gigantes verán.

En mis estudios bíblicos, siempre animo a los asistentes a estudiar y memorizar Colosenses 1:9-14, para que llegue a hacerse una realidad para ellos. Un día estaba quieta meditando en estos versículos, y Dios me dio estas palabras en mi propio idioma:

Reino Nuevo

Estoy en un nuevo reino.
Sirvo a un nuevo Señor.
Tengo un nuevo Dueño, y
Él es bueno.

Soy heredera de redención,
de un rescate total.
Ahora tengo acceso

a la obra plena de Cristo.

Hay seguridad, hay refugio,
hay liberación total
del temido día de paga del pecado
que por la caída del
hombre entró.

Hay sanidad, hay plenitud,
hay paz, hay gozo.
Mi Padre me invita a
de todo disfrutar.

Una vez mientras alababa al Señor agradecida por haber aprendido a reconocer las obras del enemigo (Jn. 10:10), y porque había sido redimida de la maldición y hecho heredera de todas las bendiciones de la obra de Cristo en la cruz, el Espíritu Santo me dio lo siguiente:

Rechaza la enfermedad y las dolencias

Rechazo la enfermedad y
Las dolencias, en el Santo nombre de Jesús.
Porque Jesús me liberó;
oh, para eso vino Él.
Para abrir las puertas de la cárcel,
y a los cautivos liberar.
Para llevar nuestro pecado y vergüenza;
para a ti y a mí rescatar.
Sobre Su preciosa espalda,
Azotes recibió.
Él fue nuestro sustituto;
El precio Él pagó.
La obra que hizo ese día
por toda la eternidad fue.
Quien quiera puede venir
Y en abundancia recibir.
De los principados y poderes
hizo exhibición.
Triunfando sobre ellos,
victorioso Se levantó.

Sí, Jesús es mi Señor;
Él la victoria ganó.
Y todo lo que hizo ese día,
por ti y por mí lo realizó.
Así que levántate en el nombre de Jesús
y sal libre de ese lugar,
de enfermedad y dolencias
porque Jesús tomó tu lugar.
La puerta ya se abrió,
en el nombre de Jesús levántate.
Sal libre de ese lugar,
Porque Jesús tu libertad logró.

Estos son solo algunos ejemplos de cómo el Espíritu Santo ha obrado en mi vida. Quiero compartir con ustedes el testimonio sobre cómo Él obró poderosamente en la vida de un hombre llamado Alton. Este es un testimonio muy sorprendente sobre lo importante que es aprender a medir nuestros pensamientos y saber de dónde provienen, y de cómo hacerlo trajo victoria a la vida de Alton.

Yo crecí en una de las montañas de Alabama, y fue ahí donde conocí a Alton. Él estaba casado con Juanita, cuya familia vivió cerca de nosotros durante mi infancia. Juanita sabía de mi milagro, y cómo el Señor me había levantado y sanado cuando estaba semi-inválida.

Un año en que había ido a la montaña mientras asistía a una reunión, Alton y Juanita también estaban ahí. La primera vez que vi a Alton estábamos todos juntos comiendo en una sala de la iglesia. Él estaba como un zombi. Más tarde, al pasar junto a ellos, Juanita me dijo: "Opal, quiero que ores por Alton". Así que extendí y le impuse mi mano, y oré por él. Después de la cena fuimos al templo para cantar. Estando ahí, sentí el impulso del Espíritu Santo de ir y sentarme junto a Alton para poder darle versículos, explicárselos y decirle que los leyera cada día.

Obedeciendo al Espíritu Santo, me acerqué a él y me senté a su lado. Le compartí que el enemigo había venido justo antes de que recibiera mi victoria de sanidad. Le hablé de la mañana en que sentía tanto dolor, que le pedí a mi hijo que me ungiera con aceite y orara por mí. Después de que lo había hecho, y tan pronto él había salido por la puerta de calle, vinieron pensamientos del enemigo que me decían: *¡Usaste mal el aceite!* En ese tiempo no sabía reconocer sus pensamientos. Ese pensamiento me hacía sentir como si hubiera cometido un pecado imperdonable al usar mal el aceite, y me llevaba a arrepentirme; y yo no sabía que provenía de él.

Como el enemigo vio que yo no reconocía que era él y que ese pensamiento era suyo, comenzó a venir a mí con todo tipo de pensamientos malos y profanos. Yo clamaba la sangre de Jesús y pedía perdón por ellos. Luego le decía al Señor: "Prefiero complacerte a Ti que seguir respirando. Prefiero complacerte a Ti que vivir otro día más. Prefiero complacerte a Ti que tener todas las riquezas del mundo". Lo decía en serio, y Él sabía que era así.

El enemigo venía con estos mismos pensamientos profanos y malvados cada vez que comenzaba a orar, y me decía: *Si piensas así no puedes ser cristiana. No estás sana, y no vas a ser sanada.* Luego me decía: *Ni siquiera te irás al cielo cuando mueras.* Este ataque siguió por dos semanas, pero luego, una mañana muy temprano, el Espíritu Santo me abrió las Escrituras en Hebreos 4:12, donde dice:

"Porque la palabra de Dios es viva y eficaz, y más cortante que toda espada de dos filos; y penetra hasta <u>partir el alma y el espíritu</u>, las coyunturas y los tuétanos, y <u>discierne los pensamientos y las intenciones del corazón</u>".

El Espíritu Santo me mostró lo que decía este versículo: <u>divide entre el espíritu y el alma</u>. En ese tiempo yo no sabía que había una diferencia entre el espíritu y el alma, que somos un ser espiritual, tenemos un alma, y vivimos en un cuerpo. El cuerpo es algo que se puede ver y conocer fácilmente; pero era importante que yo conociera la diferencia que hay entre el espíritu y el alma, y que lo que nace de nuevo es el espíritu. Tu alma es tu mente, voluntad y emociones; la parte de ti donde se produce la toma de decisiones. Como el alma no nace de nuevo, debemos hacer algo al respecto: renovar nuestra mente con la Palabra de Dios (Stg. 1:21, Ro. 12:1, 2).

> Mira diablo, te reconozco, y esos pensamientos no son míos; son tuyos. Te reprendo, en el nombre de Jesús.

Entonces, cuando el Espíritu Santo me reveló este versículo, me mostró que Dios mira el corazón (espíritu), y que Él sabía lo que había en mi corazón. Tal como leemos en él, Dios mira las intenciones del corazón. Él sabía que quería complacerlo; entonces me reveló quién traía esos pensamientos. Cuando comencé a orar temprano esa mañana, y el enemigo apareció con todos esos pensamientos, me paré y le dije: "Mira, diablo, te reconozco, y esos pensamientos no son míos; son tuyos. Te reprendo, en el nombre de Jesús". Luego le recordé lo que Jesús le había hecho por mí y por el mundo. Le recordé que se iría al abismo, y luego sería arrojado al lago de fuego donde arderá por la eternidad. Cuando me oyó hablar así prefirió desaparecer, huyó y se llevó sus pensamientos con él. Después de eso no volvió con ese intento muchas veces más, pero cada vez que lo hizo yo vencía tal como se nos dice la Biblia (Ap. 12:11). Cada vez que el diablo venga, debemos pelear usando la Palabra de Dios para vencerlo.

Así que le expliqué todo esto a Alton, y le compartí la revelación que el Espíritu Santo me había dado sobre este versículo. En ese mismo instante pude ver en él una primera chispa de vida. Me dijo: "Fue el diablo el que me convenció de que quería suicidarme, ¿no es cierto?". Le respondí: "Sin duda que lo fue". Alton no había reconocido que estos pensamientos venían de un espíritu de suicidio. Hice que su esposa escribiera los versículos de Apocalipsis 12:11, Hebreos 4:12, Colosenses 1:9-14, y otros más. Sabía que Alton era un cristiano, pero no había entendido de dónde venían esos pensamientos ni cómo combatirlos. Pero ahora ya sabía lo que le estaba ocurriendo y de dónde habían estado viniendo esos pensamientos; y tenía los versículos que le había dado para leerlos diariamente.

Un par de meses más tarde vi a Alton en una reunión a la que lo había invitado junto a su esposa. Él estaba sentado en el servicio muy feliz y con una sonrisa en su rostro. Cuando lo vi en la montaña al año siguiente, me dijo: "Sigo leyendo esos versículos cada día, y estoy simplemente disfrutando la vida. Todo ha vuelto a la normalidad". Más tarde le pregunté a Juanita cuánto tiempo hacía que Alton se sentía así, y me dijo que unos 4 años.

Quiero recordarte una vez más cuán importante es que puedas medir tus pensamientos con la Palabra de Dios. Si conoces las obras del enemigo, no albergarás sus pensamientos, los desecharás, tal como la Biblia nos dice que hagamos.

2 Corintios 10:3-5

> *³ Pues aunque andamos en la carne, no militamos según la carne;*
>
> *⁴ porque las armas de nuestra milicia no son carnales, sino poderosas en Dios para la destrucción de fortalezas,*
>
> *⁵ derribando argumentos y toda altivez que se levanta contra el conocimiento de Dios, y llevando cautivo todo pensamiento a la obediencia a Cristo.*

Este es uno de los pasajes que el Espíritu Santo me ha enseñado y que me ha dado muchas victorias, así como a muchos con quienes lo he compartido. Consiste en aprender a contrastar cada uno de nuestros pensamientos con la Palabra de Dios. ¿Es ese pensamiento del reino de Dios, o es de Satanás, tu enemigo? No nos enseñarían a hacerlo si el enemigo no pudiera traer pensamientos del reino de las tinieblas a nuestra mente... Todo pensamiento de duda, incredulidad, preocupación o desaliento, así como las mentiras de Satanás, provienen del reino de las tinieblas, del cual ya fuiste librado. Toma cautivo todo pensamiento contrario a la Palabra de Dios. Es así como ganaremos cada batalla espiritual.

Muchas personas se desaniman y abandonan su caminar con Dios porque no han reconocido que los pensamientos que les vienen no son propios, sino del enemigo, el diablo. Él tratará de que abandones tu vivir con el Señor. Aprender a contrastar todo pensamiento con la Palabra de Dios es algo muy importante.

En Isaías 26:3, el Señor nos dice: *"Tú guardarás en completa paz a aquel cuyo pensamiento en ti persevera; porque en ti ha confiado"*. El Espíritu Santo está aquí para guiarnos y darnos poder para vencer todo ataque de nuestro enemigo, Satanás.

El bautismo del Espíritu Santo es un don de Dios para Sus hijos (Lc. 11:11-13), y es una obra que hace el mismo Espíritu Santo que llevó a cabo en ti el nuevo nacimiento. Es la llenura y derramamiento del Espíritu Santo de Dios en ti. Si naciste de nuevo pero aún no has recibido el bautismo del Espíritu Santo que Dios prometió, te animo a que lo recibas ahora mismo. Para recibir este don solo tienes que decir de corazón: *Señor, te pido el don del Espíritu Santo*. Ahora, abre tu boca, dale lugar al Espíritu de Dios, y comienza a pronunciar los sonidos o expresiones que surgen desde lo más profundo de ti. Cede tus cuerdas vocales para pronunciar las expresiones que Él te dé, tal como en Hechos 2:4: *"Y fueron todos llenos del Espíritu Santo, y comenzaron a hablar en otras lenguas, según el Espíritu les daba que hablasen"*. Cuando el Espíritu da palabra, tú debes expresarla y hablarla con tu lengua. El Espíritu Santo es un don que Jesús prometió. Recíbelo como tuyo.

Algunos han deseado la llenura del Espíritu Santo y hablar en otras lenguas, pero esperan que Él los haga hablar. El Espíritu Santo nunca hará que nadie hable u ore, aun cuando sea en su propio idioma. Él solo te incita o impulsa a hacerlo. Lo mismo ocurre con la oración en el Espíritu. Recuerda que Pablo, después de ser lleno del Espíritu Santo, dijo: "...<u>*Oraré con el espíritu*</u>, *pero* <u>*oraré*</u> *también con el entendimiento...*" (1 Co. 14:15). Muchos años después de que había sido bautizada en el Espíritu Santo, aprendí que podía y debía orar en el Espíritu. Hacerlo me ha traído muchas victorias. Por la oración en el Espíritu, Dios muchas veces me ha mostrado cosas que vendrían, y el resultado o la respuesta al problema o la necesidad (Jn. 16:13).

Cuando estudies la Palabra diligentemente encontrarás muchas otras cosas que el Espíritu Santo ha venido a hacer en la vida del creyente, cosas demasiado numerosas para incluirlas en este libro. Al estudiarlas e ir conociendo mejor a tu Guía, el Espíritu Santo, crecerás espiritualmente y experimentarás las victorias que Dios puso a tu disposición por medio de Su Hijo, Jesucristo.

Capítulo 22

Testimonios

Testimonios de Ray Hall (hermano menor de Opal):

Testimonio N°1: Quisiera compartir contigo una necesidad especial que Dios suplió en mi vida. En el verano de 1972, mi esposa Sue y yo llevábamos siete años de casados y no podíamos tener hijos. Habíamos seguido el proceso de adopción y estábamos a punto de recibir a nuestro hijo, cuando hubo un cambio de planes. Estábamos visitando a mis hermanas, Aleene e Irene, y también estaba ahí la madre espiritual de Opal, la hermana Beatrice Stansky. Cuando nos reunimos para pasar un tiempo en oración, la hermana Stansky oró por Sue y le dijo inspirada por el Espíritu que Dios le iba a conceder los deseos de su corazón. Sue y yo entendimos que Dios nos iba a dar un hijo. Sabíamos que Él sigue fiel a la promesa que dio en Salmos 113:9: *"El hace habitar en familia a la estéril, Que se goza en ser madre de hijos. Aleluya"*. Así que nos apropiamos de este versículo hasta que esta Palabra se cumplió en nosotros. Antes de que pasara un año, mi esposa dio a luz a un lindo niño al que llamamos Christopher Ray; y dos años y medio más tarde, Dios nos dio una hermanita para Christopher, a la que llamamos Susan Renee. ¡Entre ambos nos han dado seis nietos adorables y chispeantes! ¡Alabado sea Dios!

Testimonio N°2: A principios de los '80 comencé a tener migrañas que me venían habitualmente los días sábado. Me incapacitaban totalmente, y siempre venían acompañadas de un malestar estomacal. Los remedios no ayudaban, y tenía que encerrarme en un cuarto oscuro, ponerme una bolsa de hielo sobre la cara, y dejar que el dolor siguiera su curso. Dado que solo sentía estos dolores de cabeza unas dos veces al mes pensaba que podía manejarlo, y así fue que por muchos años los acepté como parte de mi vida. A mediados de los '80, mi esposa y yo fuimos a Birmingham con Opal y su esposo, Don, para asistir a los servicios que Kenneth E. Hagin estaba realizando en una iglesia de ese lugar. El primer de ellos fue la noche de un sábado, y yo no había ido en busca de sanidad. Esa noche, Hagin habló sobre: "La sanidad es el pan de los hijos", y de que todo cristiano debiera estar convencido de que Dios ha preparado una mesa para nosotros, Sus hijos, pero que cada uno debe venir a la mesa y participar de Su pan sanador. Este mensaje trajo convicción a mi corazón de que yo, siendo un cristiano hijo de Dios y lleno del Espíritu, había aguantado esos dolores de cabeza por demasiado tiempo sin buscar la sanidad de Dios. Determiné que en la primera oportunidad que tuviera pediría oración por sanidad de la migraña. Volvimos para el servicio matinal del domingo. No recuerdo cuál fue el sermón de esa mañana, pero al terminar el servicio se dio oportunidad para que quienes necesitaran sanidad pasaran al frente y se oraría por ellos. Recuerdo haberme decepcionado un poco cuando Hagin dijo: "Esta mañana no seré yo quien orará por los enfermos, sino que le pediré a uno de mis líderes de adoración que lo haga". Fue así que una joven oró por mí y me conmovió gloriosamente, caí en el Espíritu, y recibí mi sanidad de la migraña. Desde entonces nunca más tuve otro ataque. Opal descubrió más tarde que la joven que había orado por mí era Anne Durant (una evangelista muy conocida en la actualidad). ¡Alabado sea Dios!

Testimonio Nº3: A principios de los '90, comencé a tener serios problemas de espalda, con un dolor que comenzaba en la zona inferior izquierda y avanzaba hasta mi pierna. Este dolor era continuo, aunque a veces era más intenso. Me ungieron y oraron por mí en varias ocasiones, pero parecía no tener la fe necesaria para recibir mi sanidad. Cuando fui sanado de la migraña había experimentado una manifestación física (caí en el Espíritu), y quizás esperaba que ocurriera algo similar con la sanidad de mi espalda. Dado que los síntomas eran más o menos constantes, tal vez mi error fue mirar más los síntomas que las promesas de Dios. En definitiva, Dios necesitaba que mi fe creciera para que pudiera recibir la sanidad de mi espalda. Mi hermana Opal se sintió guiada a darme el libro *Cristo el Sanador*, de F. F. Bosworth. Poco tiempo después viajé con mi esposa a la Costa del Golfo, donde leí y releí este libro, estudiando además los versículos a los que ahí se hacía referencia. Dios usó los sermones que contenía el libro para edificar mi fe en Sus promesas de sanidad, y para mostrarme con mayor claridad cuál era la parte que <u>me correspondía hacer a mí</u> en Su proceso de sanidad. Aprendí que la salvación completa de Dios, incluida la sanidad del cuerpo, es "por gracia por medio de la fe", y que nos corresponde hacer una parte en este proceso. La parte que nos corresponde hacer cuando oramos o cuando oran por nosotros es creer que recibimos. Continué estudiando los mensajes de *Cristo el Sanador*, y sembrando en mi corazón la Palabra de Dios que F. F. Bosworth mencionaba en sus sermones, hasta que estuve listo para recoger la cosecha de sanidad para mi espalda. Un buen día, mientras oraba solo en casa, mi sanidad se manifestó. ¡Toda alabanza y gloria sean a Cristo el Sanador!

Resumen:

Tenemos un enemigo común a quien Jesús describió como un ladrón mentiroso que viene a robar, matar y destruir. Con cada sanidad que se manifestaba en mi vida, el ladrón reaparecía trayendo síntomas, intentando hacerme andar por vista y por sentimientos, y que dudara de que había recibido realmente mi sanidad. Así que tendrás que prepararte, para que cuando el enemigo venga salgas a su encuentro con un *"Escrito está", "Escrito está", "Escrito está"*, tal como nos enseñó nuestro Señor Jesús. Nuestra fe no puede sustentarse en la mejoría física; debe hacerlo únicamente en la Palabra de Dios, nuestra roca y fundamento sólido. Cualquier otro terreno será como arena que se hunde. De hecho, cuando los síntomas intentaban reaparecer yo cantaba la canción "El Sanador", cuyo estribillo se tomó de Isaías 53:5: *"Mas él herido fue por nuestras rebeliones, molido por nuestros pecados; el castigo de nuestra paz fue sobre él, y por su llaga fuimos nosotros curados"*.

Jesús no ha cambiado. Él sigue siendo el Salvador, y sigue siendo el Sanador. Él es el camino, la verdad y la vida; la única salvación de Dios. Él es el autor y consumador de nuestra fe; es nuestro Rey que viene pronto. Alabado sea Su nombre por la eternidad.

Referencia:

Junto a Opal recomendamos el libro *Cristo el Sanador*, de F. F. Bosworth, que trata sobre la sanidad divina. Su autor tuvo un ministerio de sanidad muy exitoso a principios del siglo veinte. El libro contiene 14 excelentes sermones sobre fe y sanidad, y muchos testimonios de personas que recibieron sanidad durante sus servicios o mientras leían este libro. Su lectura será de mucho beneficio para todo el que necesite ayuda para edificar su fe en el área de la sanidad divina. Se puede obtener en internet, buscando en Google: <u>Cristo el Sanador F.F Bosworth</u>. Uno de los primeros enlaces que aparecerá será Amazon Kindle Edition. Puedes hacer clic en este enlace y obtener el libro para leerlo en tu computador. También en YouTube puedes encontrar la lectura audible de cada uno de los sermones (sólo disponibles en inglés).

Testimonio de Glenda D.:

Hace algunos años, mi doctor me dijo que necesitaba un trasplante de hígado. Luego de que recibí el diagnóstico, me invitaron a la Escuela de Sanidad que impartía la pastora Opal Crews. Esto ocurrió seis semanas antes de la fecha en que me someterían a tres días de pruebas programadas antes de ingresarme a la lista de trasplantes. Al comenzar a oír la Palabra de Dios sobre sanidad, mi corazón se fue empapando de ella y me dio la fe para recibir la provisión de sanidad para mi hígado. Durante los tres días de pruebas, los doctores vieron que todo iba mejorando y me enviaron de vuelta a casa. Tenía que volver periódicamente para que me hicieran pruebas, hasta que los doctores finalmente me dijeron que mi hígado estaba tan sano como el de cualquier otra persona presente en esa habitación. Nunca necesité un trasplante de hígado, porque fui sanada por la Palabra de Dios. Hoy sigo oyendo y recibiendo Su Palabra para poder caminar en el poder sanador de Dios. ¡Alabado sea el Señor!

Testimonios recibidos durante el ministerio de Opal Crews:

Buddy Medley es sanado de una infección por estafilococos: Buddy asistió a una clase sobre sanidad que enseñé por seis semanas en mi antigua iglesia. Al final de la última clase, el Espíritu Santo me guio a que les diera una oportunidad a los asistentes para actuar en base a lo que habían oído. El primero que se levantó para recibir oración fue Buddy, quien recién había comenzado a venir a la iglesia. Dijo que los últimos cuatro años había estado lidiando con una infección por estafilococos que le producía furúnculos que debía abrir y drenar. De hecho, ese mismo día tenía un furúnculo en su cuerpo y no lo mencionó. Esta infección lo obligaba a lavar su ropa con un producto especial; además necesitaba tomar antibióticos que debían ser cada vez más fuertes, pero ninguno acababa con la infección. Fui guiada a preguntarle: "¿Estás listo para deshacerte de ella?". Él dijo: "Estoy listo". Así que oré por él, y luego de eso se fue al servicio. Más tarde supe que acabado el servicio, mientras caminaba por un largo tramo de escaleras para salir del edificio, sintió que el furúnculo desaparecía. Quiso mirar para comprobarlo, pero dijo que la pastora Opal le había enseñado que no miramos para comprobar, sino que miramos la Palabra de Dios. Buddy fue sanado de la infección por estafilococos y nunca le volvió. ¡Alabado sea Dios!

La hermana Franklin se sanó en una reunión en casa: después de recibir mi propia sanidad, mi amiga Grace quiso que la visitara en Tennessee, donde ella vivía. Yo seguía teniendo síntomas en mi cuerpo, y como no podía manejar esa distancia viajé en avión. El Señor me había advertido que cuando estuviera en Tennessee, la hermana Stansky tendría un lugar preparado donde yo podría enseñar. Esto ocurrió en una reunión en la casa de mi amiga. La hermana Franklin pertenecía a la iglesia de Grace y asistió a esa reunión en casa. Ella no podía levantar sus brazos desde hacía unos dos años. Ese día compartí mi testimonio sobre cómo el Señor me había sanado y levantado. Al final oré por quienes querían recibir oración. La hermana Franklin estuvo entre las que pidieron oración. A la mañana siguiente llamó a Grace y le dijo que estaba completamente sana: "Es maravilloso no tener dolor; esta mañana yo misma pude peinarme". En las siguientes semanas y meses siguió diciéndole a Grace: "Es tan bueno no tener dolor". ¡Aleluya!

El hermano Andrews es sanado en Trinidad: Un año después de que el Señor me había sanado, fui en mi primer viaje misionero a Trinidad (Indias Occidentales) con la hermana Stansky. Me quedé con Pat, una mujer de la iglesia cuyo marido era un constructor. El señor Andrews, su contador, vino a su casa ese día para trabajar en la contabilidad. Pat le contó que estábamos teniendo servicios en las iglesias, y que yo estaba allí para dar mi testimonio de sanidad. El señor Andrews dijo que quería oír sobre sanidad porque tenía un brazo inmovilizado. Pat vino a la cocina, donde yo estaba sentada hablando sobre el Señor con su esposo y algunos de sus amigos, y me dijo: "El señor Andrews quiere que vengas y le hables sobre sanidad". Fui entonces a la sala donde él estaba, y le enseñé que la sanidad se recibe por fe, tal como lo hicimos al recibir por fe a Jesús como nuestro Salvador. Él dijo: "¡Fe! La semana pasada oí en la radio que alguien mencionaba esa palabra", y yo pensé: "¡Oh, no, no sabe nada sobre la fe!". Le di varios libros sobre sanidad, fe y sobre el Espíritu Santo. Le dije que dentro de dos semanas iríamos al sector donde él vivía, y que fuera a la reunión para orar por él. El Espíritu Santo habló a mi corazón, diciendo: "Ora ahora mismo por él, puede que nunca llegue a esa reunión". Así que dije: "Está bien, Señor". Fui primero a buscar a la evangelista que viajaba con nosotros, y luego le seguí enseñando sobre sanidad, y le conté que Jesús dijo en Marcos 11:24 que lo que sea que desees, si crees que lo recibes cuando oras, lo tendrás. Le pregunté: "¿Estás listo para hacerlo? ¿Estás listo para creer que lo recibes cuando oremos?". Respondió con un sí. Le pregunté dos veces, y su respuesta fue la misma, así que le impuse mis manos y oré por su sanidad en el nombre de Jesús. Luego le dije que levantara ese brazo y comenzara a alabar al Señor. Levantó su brazo rápidamente, y comenzó a caminar por la sala alabando al Señor. ¡Había sido sanado!

Una señora fue sanada en Trinidad: Hablé y compartí mi testimonio de sanidad en uno de los servicios en la iglesia, y al final del servicio les di a todos la oportunidad de pasar al frente para recibir oración. Fueron tantos los que pasaron, que la hermana Stansky nos dijo a mí y a la evangelista que viajaba con nosotros que cada una tomara una fila de personas y orara por ellas. Una mujer que tenía un tumor enorme en su pecho izquierdo vino a mí para que orara por ella. Luego de decirme por qué había venido, le pregunté: "¿Estás lista para recibir ahora tu sanidad?". Respondió que sí lo estaba. Entonces le pregunté: "¿La recibirás cuando oremos?". Ella dijo: "Sí", con mucha firmeza, así que le impuse mi mano y oré. Sentí como el tumor se reducía. Al acabar de orar ella estaba gozosa. Cuando volvió para el servicio de la noche siguiente, el tumor había desaparecido completamente. ¡Fue sanada! Es muy importante que decidamos aceptar Su sanidad como nuestra.

Sanidades en un servicio en Trinidad: En otra reunión en la misma iglesia invité a las personas a pasar adelante para recibir oración. Más tarde hubo siete u ocho hombres que se levantaron y dieron testimonio de haber recibido su sanidad esa noche.

Janice W. se sanó durante una conferencia de mujeres: Una noche en que ministré en una reunión de Aglow (grupo internacional de mujeres), compartí mi testimonio de cómo había tomado mi sanidad por fe en la Palabra, y cómo la había disfrutado ya por un tiempo. Janice era la vicepresidenta del grupo en esa localidad, y había asistido a la reunión. Al finalizar invité a las personas a pasar al frente para orar por ellas. Janice vino y me dijo que llevaba varios años teniendo problemas de espalda, y que habían orado por ella muchas veces; pero luego de haber oído la Palabra durante el servicio, ya sabía cómo recibir su sanidad, y la había tomado. Entonces le pregunté: "¿Qué cosa no podías hacer antes?". Ella contestó: "No podía trapear los pisos de mi casa". Le dije que hiciera como si tomaba un trapero y que comenzara a trapear. Lo hizo sin ninguna dificultad. ¡La Palabra de Dios le enseñó a recibir, y ella fue sanada!

El brazo de Raymond P. fue sanado: Mientras asistía a una campaña evangelística en Tulsa, Oklahoma, conocí a una mujer llamada Shirley que era líder de alabanza y adoración en su iglesia en Memphis, Tennessee. Ella me preguntó si yo podía ir a hacer algunos servicios en su iglesia si lo arreglaba con su Pastor. Le dije que sí. Me llamó dos semanas más tarde y me dijo que su pastor quería que yo fuera. Aunque ya había accedido, me inquietaba ir tan pronto porque no conocía a nadie en ese lugar. El Espíritu Santo me habló, diciéndome: *Mi Palabra te equipará por completo, y mi Espíritu te capacitará* (2 Ti. 3:16,17). Así que fui y me quedé en casa de Shirley, con ella y su esposo Raymond. Raymond construía viviendas, y estaba teniendo problemas con uno de sus brazos. La articulación del hombro le dolía mucho, y le dificultaba mover el brazo. Algunas noches el dolor era tan severo, que debía levantarse de la cama y arrastrarse por el suelo frotándose el brazo. La mañana en que iba a compartir mi testimonio y orar por los enfermos él faltó al trabajo y vino a la reunión. Al final del mensaje di una oportunidad para orar por quienes querían recibir sanidad. Había una fila bastante larga, y Raymond estaba al final. Al llegar a la mitad, comenzó a levantar su brazo y a alabar al Señor. Cuando llegó a mí, le dije: "Raymond, ¿a qué viniste?"; y me dijo: "Bueno, vine a recibir mi sanidad, pero ya la tengo". Había recibido su sanidad al oír la Palabra y seguía alabando al Señor.

Otros que fueron sanados por la Palabra:

Testimonio N°1: Estaba ministrando sobre sanidad en una iglesia en Illinois; al terminar, le entregué el servicio al Pastor, y él me dijo: "Estoy bastante seguro de que algunos hubieran querido que oraras por ellos". Pero no sentía que fuera eso lo que Dios quería esa noche. Antes de que pudiera responderle, una señora que estaba presente se levantó y dio testimonio de que durante la enseñanza había recibido sanidad en su brazo en el que había estado teniendo insensibilidad y dolor; fue sanada al oír la Palabra. Entonces el Espíritu Santo me dijo que era así como había querido obrar esa noche.

Testimonio N°2: En otra reunión en Illinois, compartí con los asistentes algo que el Señor me había mostrado al principio de mi ministerio. Les dije que Dios había dicho que no necesitarían que se les impusieran manos, sino que recibirían al oír la Palabra. Cuando compartiera esta verdad en un servicio, eso sería lo que sucedería. Había una mujer que tenía una hernia en los discos y artritis, y que sufría de mucho dolor. Ella fue sanada en ese servicio matutino. Le pedí que volviera al servicio de la noche y compartiera su testimonio. Lo hizo, y le contó a la congregación que durante el mensaje había sentido que la invadía un calor, el dolor se había ido, y había sido sanada. ¡Amén!

Testimonio Nº3: Ministrando en una iglesia en Florida, la esposa del pastor asociado, quien tenía un gran tumor en su pecho, dijo que el tumor había desaparecido mientras enseñaba.

Estos son solo algunos testimonios. Ha habido muchos más que han recibido su sanidad.

Oración para recibir sanidad:

Ya has visto en las Escrituras que Jesucristo llevó tus pecados y enfermedades en el Calvario, y ahora estás listo para recibir (aceptar) tu sanidad. Ora lo siguiente con todo tu corazón:

Señor Jesús, creo que cuando fuiste a la cruz llevaste todos mis pecados y todas mis enfermedades. Vengo ahora a Ti para recibir mi sanidad de (nombra la o las enfermedades). Tomo mi sanidad por fe en la obra que hiciste por mí, Te doy gracias por haber llevado a cabo Tu obra sanadora en mí, y Te alabo. **¡Amén!**

Recuerda que a veces la sanidad es instantánea, y otras veces es gradual; pero en este proceso debes mantener tu corazón y tu boca en acuerdo con la Palabra de Dios.

¡Escríbeme y comparte tu victoria conmigo para que nos regocijemos juntos! Por favor escribe a:

Opal Crews
Words of Life
PO Box 1985
Huntsville, AL 35807

O al correo electrónico: integrityofword@gmail.com

Sobre la autora

Opal Crews comparte su experiencia de haber sido sanada y levantada de una condición de semi invalidez a causa de enfermedades óseas y musculares incurables. Sabiendo que Dios era su única esperanza, se volcó incondicionalmente a la Biblia, y estudió todo lo que pudo sobre sanidad. Aprendió que no solo la sanidad es la voluntad de Dios, sino que fue provista mediante la obra terminada de Jesucristo. Por medio de la fe en Su Palabra, y al creerla, recibirla y vivirla, pudo superar esta condición de semi invalidez, y fue sanada por completo.

Dios le dijo luego: *Ve y habla de la fidelidad que tengo por Mi Palabra y por la obra de Mi Hijo*. Esto es algo que ella ha hecho fielmente. Ha enseñado la Palabra de Dios en iglesias en todo el sur de Estados Unidos, así como en Trinidad y Filipinas. Enseña la Palabra de Dios localmente, a través de su programa de televisión semanal, "Palabras de Vida". También enseña una clase semanal sobre sanidad en su iglesia local. Además es maestra en el Instituto Bíblico de su iglesia, que también se usa en otras naciones.

Al compartir la Palabra de Dios, ha visto que muchos han sido fortalecidos en su andar con el Señor. También ha visto que muchos reciben su sanidad mediante la imposición de manos, y al oír atentos la Palabra. Toda la gloria sea a Jesucristo, nuestro Redentor y Señor.

www.ingramcontent.com/pod-product-compliance
Lightning Source LLC
Chambersburg PA
CBHW060535100426
42743CB00009B/1540